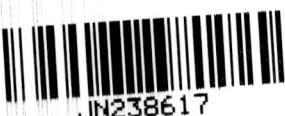

AMAZING
SPOT

日本の
絶景＆秘境
100

朝日新聞出版

春はあけぼの。
やうやう白くなりゆく、
山際少し明かりて、
紫立ちたる雲の細くたなびきたる。

ビューティフル・ジャパン

吉野山の桜 >> P.146

夏は夜。
月の頃はさらなり、
闇もなほ、蛍の多く飛び違ひたる。
また、ただ一つ二つなど、
ほのかにうち光りて行くも、をかし。
雨など降るも、をかし。

西表島の海 >> P.252

秋は夕暮れ。
夕日のさして、山の端いと近うなりたるに、
烏の、寝どころへ行くとて、
三つ四つ二つなど、
飛び急ぐさへ、あはれなり。

京都・東福寺

冬は、つとめて。
雪の降りたるは
言ふべきにもあらず、
霜のいと白きも、
またさらでも、いと寒きに、
火など急ぎおこして、
炭持てわたるも、
いとつきづきし。

白川郷 >> P.92

CONTENTS

北海道・東北

01 富良野・美瑛 ［北海道］ P.12
雄大な北の大地を彩る花と田園風景

02 流氷 ［北海道］ P.18
オホーツク海に流れ着く"白い使者"

03 青森ねぶた祭 ［青森］ P.22
東北一の夏の夜、青森の夏の風物詩

04 御釜 ［宮城］ P.26
蔵王連峰の山上に秘かに輝く丸い湖

05 龍泉洞 ［岩手］ P.30
日本三大鍾乳洞、ドラゴンブルーの地底湖

06 摩周湖 ［北海道］ P.34
神秘のベールをまとう「山の神の湖」

07 裏磐梯・五色沼 ［福島］ P.40
裏磐梯のカラフルな湖沼群

08 蔵王の樹氷 ［山形］ P.44
雪原に立ち並ぶアイスモンスター

09 釧路湿原 ［北海道］ P.48
見渡す限り広がる日本一の湿原

10 横手のかまくら ［秋田］ P.54

関東

11 百段階段 ［東京］ P.56
目黒雅叙園の豪華絢爛な空間

12 華厳ノ滝と中禅寺湖 ［栃木］ P.60
湖の岸壁から流れ落ちる大瀑布

13 国営ひたち海浜公園 ［茨城］ P.66
初夏の訪れを告げる3つのブルーの三重奏

14 小笠原諸島 ［東京］ P.70
独自の進化を遂げた神秘の離島

15 鎌倉の紫陽花 ［神奈川］ P.76
古刹をしっとり彩る紫陽花

16 鋸山 ［千葉］ P.80
「地獄のぞき」から関東一円を一望

17 尾瀬ヶ原・尾瀬沼 ［群馬／福島］ P.86
雪解けの水辺を彩るミズバショウ

18 巾着田 ［埼玉］ P.90

中部

19 白川郷 ［岐阜］ P.92
世界がうらやむ日本の原風景

20 上高地 ［長野］ P.98
日本のアルプス・穂高連峰を望む

21 星峠の棚田 ［新潟］ P.104
朝もやに浮かぶ棚田の水鏡

22 名古屋城 ［愛知］ P.108
金の鯱が天守閣から見守る

23 木曽路 妻籠宿 ［長野］ P.112
江戸情緒が漂う木曽路の宿場町

24 黒部ダムとアルペンルート ［富山／長野］ P.118
日本一のダムと立山を貫く観光ルート

25 姥ヶ滝と手取峡谷 ［石川］ P.124
白山の懐で育まれた自然美

26 おわら風の盆 ［富山］ P.128
浴衣に編笠の踊り手が優雅に踊る

27 東尋坊 ［福井］ P.132
日本海の荒波と柱状節理の奇岩

28 富士の茶畑と桜エビ ［静岡］ P.136
静岡県側からの茶畑や桜エビと富士山

29 忍野八海と山中湖 ［山梨］ P.140
霊峰富士を感じる二大スポット

近畿

76 竹田城 [兵庫] P.178
雲海に浮かぶ「天空の城」

77 四日市の工場夜景 [三重] P.184
コンビナートの幻想的な"3D夜景"

78 祇園の町並み [京都] P.190
京都最大の花街をそぞろ歩き

79 彦根城 [滋賀] P.196
桜の名所、国宝・彦根城

80 新世界と道頓堀 [大阪] P.200
なにわのパワーを感じる繁華街

81 伏見稲荷大社の千本鳥居 [京都] P.204
鳥居が並ぶ朱のトンネルを抜けて

82 東大寺 [奈良] P.208
聖武天皇が建立した奈良の古刹

83 橋杭岩 [和歌山] P.212

中国・四国

84 鳥取砂丘 [鳥取] P.214
果てしなく続く砂のさざ波

85 鳴門の渦潮 [徳島] P.220
巨大にうねる渦潮を眼前に！

86 鞆の浦・仙酔島 [広島] P.224
瀬戸内海の"潮待ち風待ち"の港

87 「モネの庭」マルモッタン [高知] P.228
巨匠モネの愛したスイレンの庭

88 隠岐島のローソク島 [島根] P.232
海に浮かぶ巨大なローソクに火が灯る

89 倉敷美観地区 [岡山] P.236
江戸時代のなまこ壁の土蔵と町家

90 須佐ホルンフェルス [山口] P.242
ストライプの断崖と奇岩の景勝地

91 石鎚山と面河渓 [愛媛] P.246
日本七霊山と懐の渓谷

92 銭形砂絵 [香川] P.250

九州・沖縄

93 バラス島 [沖縄] P.252
美しい海に浮かぶサンゴのカケラの島

94 軍艦島（端島） [長崎] P.258
まさに軍艦、海底炭鉱の産業遺産

95 河内藤園 [福岡] P.264
樋口さん一家が守る藤のトンネル

96 阿蘇山と仙酔峡 [熊本] P.268
世界最大級の活火山の変化に富んだ風景

97 佐賀バルーンフェスタ [佐賀] P.274
空に舞う色とりどりの熱気球

98 別府八湯の鉄輪温泉 [大分] P.278
日本一の源泉数と湧出量を誇る温泉地

99 高千穂峡 [宮崎] P.284
数々の神話が残る神秘的な渓谷

100 屋久島 [鹿児島] P.288
巨大杉が育つ世界遺産の太古の森

日本の絶景&秘境100マッピング P.294
知っておきたい日本のアメージング P.296
旅のお役立ち情報 P.297
知って納得、いろいろな制定 P.298
日本の世界遺産 P.298
INDEX P.299

■本書のデータは2014年5月現在のものです。
■掲載された情報については、現地の状況により変化することがありますので、旅行の前に最新情報をご確認ください。また、写真についてはあくまでイメージのため同じ光景を見られるとは限りません。
■本書の「旅の目安」の「難度」は、掲載場所までのアクセス方法、および現地での移動時間や難易などを勘案した、編集部独自の目安です。また、「予算」は、東京を拠点として、最も早い交通手段を優先的に利用した場合の往復の交通費、宿泊が必要とされる場所は1人につき8000円程度の宿泊費および、施設利用料などを加えた目安です。
■本書のアクセスやベストシーズンは、状況に応じて変わる場合があります。
■掲載情報による損失、および個人的トラブルに関しましては、当社は一切の責任を負いかねますので、あらかじめご了承ください。

ココはどこ!? AMAZING SPOT in JAPAN !

ニッポンの四季を彩る 花ごよみ
- 30 吉野山の桜 ［奈良］ P.146
- 31 北竜のひまわり ［北海道］ P.147
- 32 昭和記念公園のコスモス ［東京］ P.147
- 33 灘黒岩水仙郷 ［兵庫］ P.147

カラフルな 花のじゅうたん
- 34 小湊鐵道と菜の花 ［千葉］ P.148
- 35 舟川のチューリップ ［富山］ P.150
- 36 生駒高原のカリフォルニアポピー ［宮崎］ P.150
- 37 ダイナランドのユリ ［岐阜］ P.151
- 38 羊山公園 ［埼玉］ P.151

世にも不思議な 自然現象
- 39 雲海テラス ［北海道］ P.152
- 40 白金 青い池 ［北海道］ P.154
- 41 だるま夕日 ［高知］ P.154
- 42 ダイヤモンド富士 ［静岡］ P.155
- 43 諏訪湖の御神渡り ［長野］ P.155

天高く昇る 棚田
- 44 星野村の棚田 ［福岡］ P.156
- 45 輪島の白米千枚田 ［石川］ P.157
- 46 遊子水荷浦の段畑 ［愛媛］ P.157
- 47 浜野浦の棚田 ［佐賀］ P.157

渡ってみたくなる 橋
- 48 角島大橋 ［山口］ P.158
- 49 江島大橋 ［鳥取／島根］ P.159
- 50 九重"夢"大吊橋 ［大分］ P.160
- 51 祖谷のかずら橋 ［徳島］ P.160
- 52 通潤橋 ［熊本］ P.161
- 53 古宇利大橋 ［沖縄］ P.161

一日の最後を飾る 夕日と夜景
- 54 函館山夜景 ［北海道］ P.162
- 55 長崎の夜景 ［長崎］ P.164
- 56 東京夜景 ［東京］ P.164
- 57 摩耶山からの夜景 ［兵庫］ P.164
- 58 宍道湖の夕日 ［島根］ P.165

激しさと美しさを競う 滝
- 59 袋田の滝 ［茨城］ P.166
- 60 吹割の滝 ［群馬］ P.167
- 61 称名滝とハンノキ滝 ［富山］ P.167
- 62 那智の滝 ［和歌山］ P.167

ユニークな天然アート 奇岩
- 63 男鹿のゴジラ岩 ［秋田］ P.168
- 64 虫喰岩 ［和歌山］ P.169
- 65 象岩 ［岡山］ P.169
- 66 猿岩 ［長崎］ P.169

一度は見たい まつり
- 67 宮島水中花火大会 ［広島］ P.170
- 68 さっぽろ雪まつり ［北海道］ P.171
- 69 流鏑馬 ［神奈川］ P.171
- 70 長崎くんち ［長崎］ P.171

アメージングな地下空間 洞窟
- 71 沖永良部島の洞窟 ［鹿児島］ P.172
- 72 鳴沢氷穴 ［山梨］ P.174
- 73 秋芳洞 ［山口］ P.174

北海道・東北

01 富良野・美瑛
[北海道] P.12

02 流氷
[北海道] P.18

03 青森ねぶた祭
[青森] P.22

04 御釜
[宮城] P.26

05 龍泉洞
[岩手] P.30

06 摩周湖
[北海道] P.34

07 裏磐梯・五色沼
[福島] P.40

08 蔵王の樹氷
[山形] P.44

09 釧路湿原
[北海道] P.48

10 横手のかまくら
[秋田] P.54

AMAZING SPOT 100
HOKKAIDO & TOHOKU

ファーム富田の七色の花が帯状に咲き誇る「彩りの畑」は、まるで大地の虹のようです。

1

開拓によって生まれた日本一の花絶景

富良野《ふらの》・美瑛《びえい》

北海道／中富良野町・美瑛町

十勝岳連峰をバックに畑の中にポツンと建つ「赤い屋根の家」。美瑛の絶景です！

富良野《ふらの》・美瑛《びえい》

1

2

1 ファーム富田を代表する「彩りの畑」。香りのいいラベンダー、カスミソウ、コマチソウ、カリフォルニアポピーなどが咲く。2 小麦畑の向こうに立つシラカバ並木と、左は「セブンスターの木」。3 大きなポプラの「ケンとメリーの木」とそばの花。4 厳冬期は氷点下 20℃まで下がる日もあり、木々の枝先まで霧氷が付いて真っ白に。

3

4

Travel Plan 01

富良野《ふらの》・美瑛《びえい》

北海道／中富良野町・美瑛町

なだらかな丘陵に広がる田園風景とカラフルな花畑

大雪山系の懐に位置する美瑛と富良野エリア。美瑛町は上川地方の中央に位置し、なだらかな丘にパッチワークのような田園風景が広がる。小麦やジャガイモ、トウモロコシなど栽培作物の多さから「北海道農業の縮図」とも言われるほど。富良野は北から順に上富良野町、中富良野町、富良野市、南富良野町の4つの市町からなる。日本で最初のラベンダー園、ファーム富田は中富良野にあり、開花期には紫色のじゅうたんが広がり、ラベンダーの香りに包まれる。これら美瑛の丘や富良野のガーデンを結ぶ国道237号は「花人《はなびと》街道」と呼ばれ、北海道屈指の人気スポットとなっている。

旅の目安

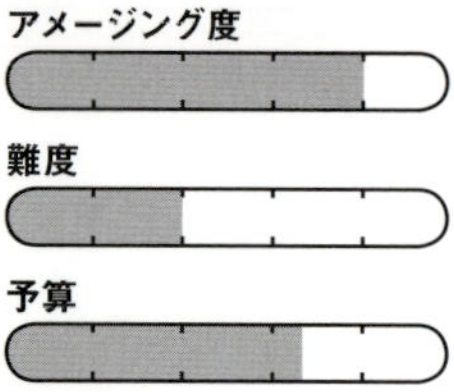

10万～
（大人1人当たりの予算）

北海道空知郡中富良野町基線北15号（ファーム富田）／上川郡美瑛町（美瑛の丘）

アクセス

車で旭川空港から美瑛まで約15分、中富良野まで約50分。列車はJR旭川駅から富良野線でJR美瑛駅まで35分、JR中富良野駅まで1時間8分。JR旭川駅からはふらのバスラベンダー号が旭川空港～JR美瑛駅～中富良野～JR富良野駅などに停車。JR旭川駅から空港まで35分、空港からJR美瑛駅まで15分、中富良野まで50分。

問い合わせ先

ファーム富田　☎0167-39-3939
美瑛町観光協会　☎0166-92-4378

ベストシーズン

ラベンダーは7月初旬から開花がはじまり、7月中旬～8月中旬がすべての花が咲き揃うベストシーズン。ファーム富田をはじめラベンダー園は、南北に走る唯一の国道237号周辺にあるため、シーズン中は道が渋滞することもある。朝早くからの行動を心がけよう。美瑛のパッチワークのような田園風景を見るなら、収穫前の7月中旬がベスト。

名物＆名産品

北海道屈指の穀倉地帯で、ジャガイモ、ニンジン、トウモロコシなどを直売所で購入できる。中富良野はメロンの名産地。ほかに地産地消のご当地グルメ「富良野オムカレー」や「美瑛カレーうどん」のほか、プリン、チーズなど乳製品も豊富。

「富良野オムカレー」（くんえん工房 Yamadori）

旅のワンポイント

田園地帯の中に花畑やビュースポットが点在しているので、レンタカーがあると便利。主要な見どころだけを巡るなら、観光タクシーや、札幌発の定期観光バス利用もできる。写真撮影のために畑の中に入らないよう注意しよう。

モデルルート

Day 1 日本最北の動物園と美瑛の丘をドライブ

AM10:30

行動展示で人気の旭山動物園へ

旭川空港から旭山動物園へ直行。動物の本来の行動や能力を引き出すアイデアを生かした行動展示が特徴で、動物たちの生き生きとした姿を見ることができる。エサやりイベントのもぐもぐタイムの時間をチェックして、順番を決めて回ろう。

「ぺんぎん館」の水中トンネルでは、ペンギンが空を飛んでいるような姿が見える

PM1:30

有名なあの木を探してパッチワークの路を行く

真ん中に子供の木がある「親子の木」

美瑛の北西に広がるパッチワークの路をドライブ。ケンとメリーの木や親子の木、マイルドセブンの丘、クリスマスツリーの木など、CM やパッケージに起用されて名前の付いた木が点在し、フォトジェニックな風景が楽しめる。

PM3:00

展望スポットから美瑛の丘を一望

パッチワークの路から南下して、今度はパノラマロードへ。新栄の丘展望公園、三愛の丘展望公園などの展望台からは、波打つように広がる雄大な丘の風景を眺められる。そのまま富良野へ南下し、JR 富良野駅周辺で 1 泊しよう。

てん菜やジャガイモなどの畑が広がる美しい田園風景

Day 2 ファーム富田と富良野のロケ地巡り

AM9:00

朝一番で訪れたい人気のファーム富田

ラベンダー園や七色の丘を見に全国から観光客が訪れるファーム富田。敷地は 15 万㎡もあり、いくつものガーデンのほかに、ラベンダー商品を販売するショップやカフェなどがある。周辺にもいくつかラベンダー園があるので、時間があれば立ち寄るのも。

ファーム富田で忘れず食べたいラベンダーソフト

ファーム富田のはじまりとなった「トラディショナルラベンダー畑」

AM10:30

あのシーンがよみがえるドラマのロケ地へ

エコハウスとして注目されている「拾って来た家・やがて町」

富良野を舞台としたドラマのロケ地がある麓郷《ろくごう》へ。森の中に『北の国から』で実際に撮影に使われた「五郎の石の家」や「拾って来た家・やがて町」などがあり見学できる。また、『風のガーデン』の舞台となった同名のガーデンもある。

+1 Day

十勝の「北海道ガーデン街道」へ

旭川〜美瑛〜富良野〜帯広・十勝の間の 8 つのガーデンを結ぶ道は「北海道ガーデン街道」と呼ばれる人気の高いコース。そのうち十勝エリアに 5 カ所のガーデンがあり、どこも広大な敷地を持つ個性的なガーデンで見応えがある。また酪農が盛んな十勝はスイーツ王国。最後はとかち帯広空港から帰路につこう。

22ものテーマガーデンからなる「紫竹《しちく》ガーデン」

「十勝ヒルズ」は眺めのいい丘の上にある

2

オホーツク海を旅して
日本に流れ着く“白い使者”

流氷《りゅうひょう》

北海道／オホーツク海

知床半島ウトロ沿岸の流氷。流氷が北風によって接岸し、押されて折り重なって小山のようになります。

1

2

1 海に浮かぶ流氷。水面から出ている部分はわずかなのがわかる。**2** 網走と紋別から出航する流氷クルーズ。写真の「網走流氷観光砕氷船おーろら」は厚い船底で流氷を割って進む。**3** ウトロのプユニ岬は流氷原に沈む夕日のビュースポット。**4** 漁師さんにはやっかいな流氷だが、ウトロでは流氷の上をドライスーツを着て歩く流氷ウォークが人気。

3

4

http://www.ms-aurora.com/abashiri/・http://www.garinko.com

Travel Plan 02

流氷《りゅうひょう》

北海道／オホーツク海

オホーツク海沿岸の冬の風物詩

海に漂う氷のことを流氷という。オホーツク海は海面50mまでは塩分の薄い海水で、50m以下は塩分の濃い海水の2層構造になっている。寒くなり海水温が−1.8℃以下になると、塩分の薄い層だけが結氷する。薄い氷がぶつかり合って縁が盛り上がると「蓮葉氷《はすはごおり》」となり、さらに寒気が増すと成長して海は氷で覆われていく。流氷はアムール川の河口で生まれるとされていたが、1500km以上離れたオホーツク海北部沿岸から流れてくることがわかった。流氷と一緒に流れ着く植物プランクトンのアイスアルジーや、流氷の天使で知られるクリオネなどの動物プランクトンが、豊かな漁場を生む。

旅の目安

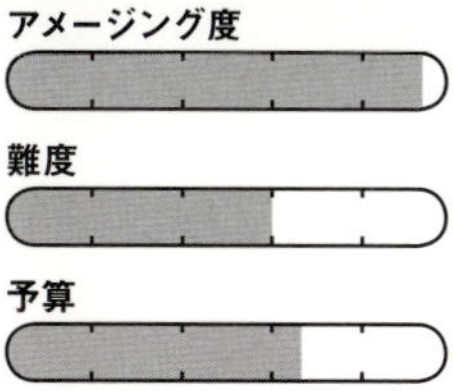

10万～
(大人1人当たりの予算)

アクセス

オホーツク海沿岸で広く見られるが、観光の拠点となるのは、網走と紋別、知床のウトロなど。「網走流氷観光砕氷船おーろら・おーろら2」の乗り場まで、JR網走駅から網走バスで10分、おーろらターミナル下車。また、「流氷砕氷船ガリンコ号Ⅱ」乗り場まで、オホーツク紋別空港から車で約10分。ウトロへはJR知床斜里駅から斜里バスで50分～1時間、ウトロ温泉バスターミナル下車。

問い合わせ先

網走流氷観光砕氷船おーろら・おーろら2　☎0152-43-6000
流氷砕氷船ガリンコ号Ⅱ　☎0158-24-8000

ベストシーズン

1月下旬～3月中旬までが流氷シーズンとなるが、流氷は生き物のように移動してしまうので、流氷情報と天気予報をチェックして出かけよう。知床半島を回り込み、羅臼《らうす》側や野付《のつけ》半島、納沙布《のさっぷ》岬、釧路沖まで流れて行く場合もある。

名物＆名産品

オホーツク海沿岸はカニ、ホタテ、サケなど魚介の宝庫だが、流氷シーズンは漁が出ない。網走や紋別は魚を使った練り物が名物。各地それぞれにご当地グルメがあるほか、流氷をイメージしたブルーのビールやソフトクリームなどもある。

流氷を仕込み水に使った発泡酒「流氷ドラフト」

旅のワンポイント

厳冬期は気温が1日中氷点下となる真冬日も多く、防寒対策はしっかりと。手袋、ネックウォーマー、帽子、スノーシューズなどが必要。ただし室内は暖かいので、温度調節ができる重ね着がおすすめ。雪道歩行は、歩幅を小さくして、足の裏全体が地面に着くように歩くのがコツ。

3

東北の夏の風物詩
ねぶたが町を熱くする

青森ねぶた祭《あおもりねぶたまつり》

青森県／青森市

針金や角材で造った型に奉書紙を貼って彩色。中には約1000個の電球が入っています。

1

1ねぶたの制作者は「ねぶた師」と呼ばれ、10数人がいる。像は立体的で正面と裏側は違う図案になっている。 2ねぶたの曳き手は1台につき約30人。上下に動かしたり回ったりも。 3大型ねぶたの前後には囃子方とハネトがいて、お囃子と踊りとかけ声で盛り上げる。 4ねぶた、囃子、運行・ハネトの総合点で毎年「ねぶた大賞」や「知事賞」などが選ばれる。 5近くで見ると、その大きさと迫力に圧倒される。

2

東北
最優秀制作者賞
ねぶた大賞
日立のLED

3

4

鬼の形相とはまさにこのこと！　躍動感にあふれています。

5

http://www.nebuta.jp

Travel Plan 03

青森ねぶた祭《あおもりねぶたまつり》

青森県／青森市

旅の目安

アメージング度

難度

予算

5万～

（大人1人当たりの予算）

20台もの大型ねぶたが夜の青森市街を彩る

毎年8月に開催される「青森ねぶた祭」。お囃子の太鼓と笛と手振り鉦《かね》の音の中、20台以上もの大型ねぶたがハネト（跳人：踊り手）とともに市内を練り歩く。ねぶたの構図は、神話や伝説などを基にした鬼や化け物などとの戦いのシーンが多く、暗闇に立体的に浮かび上がる様子は大迫力だ。そもそも「ねぶた」とは、奈良時代の七夕祭の灯籠を「ねぶた」と呼んだことに由来し、青森では江戸時代中期に油川町付近ではじまったという。戦後になってから次第に大型化し、現在のねぶたは高さ約5m、幅約9m、重さは約4tにもなる。昭和55年（1980）に国の重要無形民俗文化財に指定された。

アクセス

青森ねぶたの運行コースは、JR青森駅そばの新町通り～平和公園通り～国道4号～八甲通りの右回り、1周約3km。沿道で観覧できるほか、有料の観覧席も用意される。

問い合わせ先

青森ねぶた祭実行委員会事務局　☎017-723-7211

ベストシーズン

祭の開催は8月2～7日。開催前日の8月1日の夜は前夜祭が行われる。8月2・3日は子供ねぶたと大型ねぶた、8月4～6日は大型ねぶたが運行。いずれも19時10分～21時にかけて。8月7日は、日中は大型ねぶたの運行、夜はねぶた海上運行が開催され、花火がフィナーレを飾る。

名物＆名産品

陸奥湾や津軽海峡の新鮮な魚介が味わえる「のっけ丼」

青森と言えば、収穫高日本一のリンゴが有名。リンゴジュースやリンゴのスイーツが多数ある。青森エリアの郷土料理としては「青森生姜味噌おでん」、タラとアラを野菜などと煮込んだ「じゃっぱ汁」、「ホタテ貝焼き味噌」など。青森市民の台所、古川市場では自分で好きな魚介を選んで作る「のっけ丼」が人気。

旅のワンポイント

衣装さえ用意すれば誰でもねぶた祭を盛り上げるハネトになることができ、祭に飛び入り参加できる。衣装は、浴衣か木綿の着物を着て、着物の裾は膝までたくし上げて「オコシ」を見せ、腰に「シゴキ」を結び、袖はまくり上げてたすき掛け。足元は白足袋にゾウリ、頭には花笠をかぶる。衣装はデパートなどで販売しているほか、レンタルもある。ハネトの名前のとおり、約2時間跳ね踊る体力も必要。

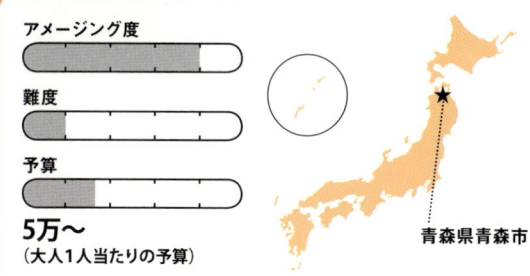

4

蔵王連峰に秘かに輝く
宝石のような湖

御釜《おかま》

宮城県／蔵王町・川崎町

東西・南北とも直径約 325m、周囲 1km のまん丸い御釜。強酸性で生物は生息していません。

蔵王エコーラインの開通は４月下旬。５月初旬にかけては残雪と凍った御釜の姿が見られます。

1 刈田岳から見た御釜。刈田山頂駐車場から御釜の西側の馬の背と呼ばれる稜線を歩き、熊野岳に登る登山コースも人気。熊野岳まで所要50分ほど。
2 蔵王エコーラインを走って、刈田峠から蔵王ハイラインに入り御釜を目指す。

http://www.zao-machi.com・http://www.wakuwaku-kawasaki.com

Travel Plan 04

御釜《おかま》

宮城県／蔵王町・川崎町

旅の目安

アメージング度

難度

予算

5万〜
（大人1人当たりの予算）

宮城県刈田郡
蔵王町遠刈田
温泉倉石岳
国有林内

アクセス

東北自動車道・白石ICから国道4号・県道12号経由で蔵王エコーラインへ。刈田峠から有料山岳道路の蔵王ハイラインに入り、終点の刈田山頂駐車場まで約2.5km、所要約1時間。駐車場から展望台までは徒歩3分。4月下旬〜11月初旬の土・日曜・祝日は、JR東北新幹線白石蔵王駅から東北本線白石駅経由で蔵王刈田山頂行きのバスが運行、所要1時間47分。同じく山形駅からもあり、所要1時間36分。

問い合わせ先

蔵王町観光案内所　☎0224-34-2725
川崎町観光協会事務局　☎0224-84-6681

ベストシーズン

蔵王エコーラインは、11月初旬〜4月下旬は冬期閉鎖となるため、御釜へ続く蔵王ハイラインも通行止めとなり、行くことができない。開通から5月中旬までは雪の壁、夏は新緑、9月下旬は紅葉の中をドライブできる。

名物＆名産品

蔵王町の名産品はナシや、蔵王の自然の中で育った牛のミルクで作られたチーズなど。伝統工芸品では「遠《とお》刈田《がった》こけし」があり、みやぎ蔵王こけし館では全国のこけしが展示され、こけしの絵付け体験などもできる。

「遠刈田こけし」は頭が大きいのが特徴

旅のワンポイント

宮城蔵王を代表する遠刈田温泉に1泊して、周辺の見どころにも足をのばすのがおすすめ。蔵王エコーラインの途中にある滝見台からは、三階滝や不動滝を望め、特に秋の紅葉は美しい。冬はみやぎ蔵王すみかわスノーパークで開催される、雪上車に乗って樹氷を観賞するツアーが人気。

太陽の光によって色が変わる火口湖

宮城と山形にまたがる蔵王連峰は、山形県側の標高1841mの熊野岳を主峰とする、南北約30kmにわたる連峰。宮城県側の最高峰は標高1825mの屏風岳《びょうぶだけ》で、両県合わせて十数座の峰々からなる。現在は顕著な火山活動は見られないが、約800年前の噴火によって火口湖の御釜ができた。外輪山の刈田岳《かったたけ》、熊野岳、五色岳に囲まれた御釜は、周囲1080mのほぼ丸い形をしており、最大深度は約28m。太陽光線によりエメラルドグリーンやブルーなど、さまざまな色に変わることから五色湖とも呼ばれている。刈田岳には御釜を望める展望台があり、蔵王観光のハイライトになっている。

5

世界有数の透明度を誇る ドラゴンブルーの地底湖

龍泉洞《りゅうせんどう》

岩手県／岩泉町

息をのむ美しい光景の第2地底湖。龍泉洞にちなんでドラゴンブルーと呼ばれています。

1

2

1 第1地底湖。洞窟内にはコウモリのほか、生きている化石と言われるムカシエビなどの小さな水生生物も生息している。 2 地底湖入口から長い階段を下りて行くと最初の第1地底湖に着く。 3 地底湖へと続く鍾乳洞内は、石柱や石筍がさまざまな造形を見せてくれる。

3

鮮やかにライトアップされた月宮殿。岩穴がハートに見えるハートスポットがあるので探してみて。

http://www.town.iwaizumi.iwate.jp/~ryusendo/

Travel Plan 05

龍泉洞《りゅうせんどう》

岩手県／岩泉町

旅の目安

アメージング度

難度

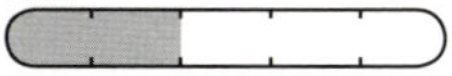

予算

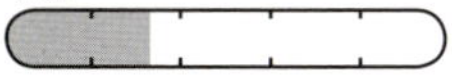

5万～
（大人1人当たりの予算）

岩手県下閉伊郡
岩泉町岩泉
字神成1-1

地底湖とコウモリの日本三大鍾乳洞

山口の秋芳洞（→ P.174）、高知の龍河洞《りゅうがどう》と並ぶ日本の三大鍾乳洞のひとつ。洞内に生息する5種類のコウモリとともに国の天然記念物に指定されている。洞内は全長5km以上あるのではないかとされるが、確認されているのは3.6km。洞窟内に湧出する地下水により地底湖が形成されており、水深35mの第1地底湖、水深38mの第2地底湖、水深が最大98mの第3地底湖がある。いずれもドラゴンブルーと呼ばれる透明度の高い青い水をたたえている。未公開だが、第4地底湖は水深120m、透明度は40m以上と世界屈指。向かいの龍泉新洞科学館内では、洞内で発見された土器を見学できる。

アクセス

JR盛岡駅からJRバス東北岩泉龍泉洞線で約2時間10分、終点下車。宮古、久慈方面からは三陸鉄道小本駅下車、町民バス小本線で約30分、龍泉洞前下車。車は東北自動車道・盛岡ICより国道455号経由で約2時間。

問い合わせ先

龍泉洞事務所　☎ 0194-22-2566

ベストシーズン

洞内は年間を通じて10℃前後。夏は洞内に入ると涼しくて快適だ。地底湖の透明度が高いのは冬の季節。

名物＆名産品

龍泉洞の水シリーズ

名水100選の龍泉洞の水は、石灰岩層から湧き出しているためカルシウム含有量は日本トップクラス。比較的硬度の高い軟水でまろやかな味。この水を使ったコーヒーやお茶も製品化されている。ほかに「いわいずみ短角牛」や「畑わさび」なども名物。

旅のワンポイント

同じく岩泉にある安家洞は総延長約24km。うち700mが見学できる

地底湖までの間に、百間廊下、竜宮の門などと名付けられたスポットがあり、洞内見学は所要約40分。龍泉新洞科学館と合わせて所要約1時間。洞内は階段があるので底のしっかりした靴を履き、夏でもウインドブレーカーなど羽織るものを持って行きたい。龍泉洞から車で20分ほどのところに、日本一長い洞窟「安家洞《あっかどう》」があるので、セットで観光するのもいい。

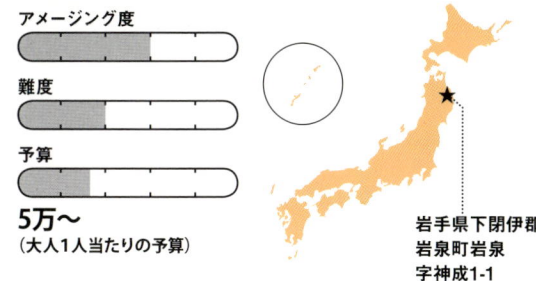

6

「山の神の湖」という名の神秘のベールをまとう湖

摩周湖《ましゅうこ》

北海道／弟子屈町

周囲約 20km の湖の南東壁にそびえる摩周岳。厳冬期には湖の周囲の木々が樹氷となることも。

湖は高さ 300m のカルデラ壁に囲まれていて、風のない日は空を映す鏡のよう。

1

2

3

左頁：湖面の海抜は351mで、流入する川も流出する川もなく、水位は常に一定に保たれている。1 日没後の摩周湖第一展望台からの眺め。時間とともに星がまたたきはじめるドラマチックな時間。
2 摩周湖第三展望台から。湖内に浮かぶ島はカムイシュ島で、長径105m、短径50m、湖面上に23m突き出している。
3 霧の摩周湖として知られ、湖面の放射霧や太平洋からの海霧が流れ込むなどして霧が発生する。早朝には霧がカルデラ全体を覆い尽くすこともある。

Travel Plan 06

摩周湖《ましゅうこ》

北海道／弟子屈町

カルデラ壁に囲まれた摩周ブルーの湖水

アイヌの人々に「キンタン・カムイ・トー（山の神の湖）」と崇められてきた摩周湖。道東の広大な面積を占める阿寒国立公園に含まれ、湖内は立ち入りが規制された特別保護地区に指定されている。断崖に囲まれた摩周カルデラに水が溜まってできた湖で、流れ出る川も入る川もない。深いブルーの水は摩周ブルーと呼ばれ、湖の真ん中にポツンと浮かぶ「カムイシュ（神の島）」が印象的だ。水深は最も深いところで211m、平均水深は138mで、透明度は世界屈指と言われている。カルデラ壁の西側に摩周湖第一と第三展望台、北東には裏摩周展望台があり、神秘的な湖全体を眺められる。

旅の目安

アメージング度

難度

予算

10万〜
（大人1人当たりの予算）

アクセス

摩周湖第一展望台までJR摩周駅から車で25分。4月26日〜7月31日の間は阿寒バス摩周線が運行しており、JR摩周駅前から摩周湖第一展望台まで25分。摩周湖第三展望台は約3km離れた場所にある。女満別空港から国道39・243号などを経由して約2時間、たんちょう釧路空港から国道240・241号などで約2時間。

問い合わせ先

摩周湖観光協会　☎ 015-482-2200

ベストシーズン

7〜8月が観光のベストシーズン。霧の発生は予測できないが、天候が安定している日は出にくく、何も見えないほどの濃霧でも、しばらくすると晴れることがある。近年、摩周湖の星空を見るツアーが人気で、最も美しく見えるのは冬。展望台へは通年行くことができるが、冬期は摩周湖第三展望台と川湯温泉方面を結ぶ道が閉鎖となる。

名物＆名産品

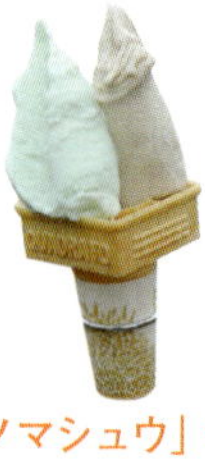
摩周産ミルク100%で作る「摩周湖のあいす」のソフトクリーム

糖度の高い「摩周メロン」が評判。周辺には広大な牧場があり、絞りたての牛乳で作るアイスクリームなどの乳製品も人気がある。クマザサと摩周湖の伏流水を原料にした「くまざさ焼酎」、新品種「キタノマシュウ」を使ったそば、道の駅摩周温泉では「エゾシカバーガー」が名物。

旅のワンポイント

摩周湖周辺の屈斜路湖や神の子池などを回るならレンタカーが便利。夏でも朝晩は冷え込むこともあるので、上着を用意したい。動きやすい服装と底のしっかりした靴、雨具なども持って行こう。

モデルルート

Day 1 屈斜路湖と摩周湖の大展望を楽しむ

AM10:00

日本一のカルデラ湖を美幌峠から一望

女満別空港に午前着の便を利用。レンタカーで国道 243 号を走り、標高 490m の美幌峠を目指す。展望台からは周囲 57km で日本一のカルデラ湖、屈斜路湖や阿寒の山々が一望できる。

湖に浮かぶ中島も淡水湖の島としては日本最大の大きさ

AM11:30

湖畔に湧き出す天然温泉に浸かる

美幌峠を下り屈斜路湖畔の通称クッシー街道を行くと、コタン温泉や池の湯、砂湯と、自然と一体化した温泉が点在する。コタン温泉は利用しやすい人気の露天風呂。池の湯は日本庭園にある池のようだ。レストハウスやキャンプ場がある砂湯は、湖畔の砂を掘ると温泉が湧き出す。

砂湯温泉には足湯もあるので屈斜路湖を眺めながらひと息つける

PM1:00

噴煙をあげる硫黄山の硫黄臭の中を散策

白い煙が立ち上る硫黄山は、川湯温泉の源泉地となっている。川湯温泉から硫黄山までのつつじヶ原には散策路が設けられ、6月中旬にはエゾイソツツジの群落が白い花を咲かせる。

アイヌ語でアトサヌプリ（裸の山）と呼ばれている硫黄山

PM2:30

摩周ブルーを期待していざ摩周湖展望台へ

硫黄山からまずは摩周湖第三展望台へ。観光客で賑わう第一展望台の駐車場は有料（硫黄山と共通）。車で 3 分ほどの距離だが、第三展望台とは違った摩周湖を眺められる。

第三展望台からは、カムイシュがより近くに感じられる

PM5:00

源泉かけ流しの温泉と満点の星空を堪能

全国でも珍しい「源泉 100%かけ流し宣言」をしている川湯温泉は、宿泊施設や公共浴場、足湯にいたるまで源泉かけ流し。温泉宿に宿泊し、硫黄分の強い温泉で疲れを癒そう。食後に摩周湖の星空ツアーに参加。

夜の摩周湖で星空ウォッチング。流れ星が見られることも

Day 2 裏側からの摩周湖を見てパワスポの神の子池へ

AM11:00

原生林の中に横たわるエメラルドグリーンの池

宿を早めに発ち、裏摩周展望台へ。川湯温泉からは摩周湖を回り込まなければならず、車で 1 時間以上かかる。裏摩周展望台から未舗装道路を約 15 分走ると駐車場があり、森の中に真っ青な水をたたえた神の子池が現れる。水深 5m とは思えない透明度で、倒木や泳ぐオショロコマも見える。

神の子池はパワースポットとして人気の場所になっている

＋1 Day

世界自然遺産・知床へ

神の子池から北上し、オホーツク海沿いに走って知床半島の拠点となるウトロまで約 2 時間 30 分。到着が午後早めなら、知床五湖散策や、知床半島クルーズに参加することもできる。温泉地でもあるウトロで 1 泊して、翌日は知床横断道路を走って反対側の羅《ら》臼《うす》に行き、クジラやイルカなどが見られるネイチャークルーズを楽しんでも。

知床五湖の高架木道からの知床連峰の眺め

鉱物の微粒子を含んでいることからさまざまな青色に見えるという五色沼のひとつ「弁天沼」。

7

色のバリエーションが豊富
森の中に散らばる湖沼群

裏磐梯《うらばんだい》・五色沼《ごしきぬま》

福島県／北塩原村

1

2

3

1アシの根元に、酸化鉄の沈殿物が付着して赤くなっていることから「赤沼」と呼ばれる沼。 2五色沼最大の「毘沙門沼」からは磐梯山の火口が望める。4～11月はボート遊びもできる。 3紅葉が美しいことで知られる「柳沼」。 4磐梯山の北側に広がる裏磐梯は標高800mほどで、磐梯朝日国立公園に指定されている。

4

磐梯山、安達太良山、吾妻山に
囲まれた紅葉の裏磐梯から見
た、雲海と磐梯山の眺めです。

http://www.urabandai-inf.com

Travel Plan 07

裏磐梯《うらばんだい》・五色沼《ごしきぬま》

福島県／北塩原村

旅の目安

アメージング度

難度

予算

5万～
(大人1人当たりの予算)

アクセス

五色沼入口までJR猪苗代駅から磐梯東都バス桧原行きなどで25分、五色沼入口下車。裏磐梯高原駅（バス停）へは、JR猪苗代駅から磐梯桧原湖畔ホテル行きで五色沼入口経由、約40分。ただし本数が少ないので事前確認を。車は猪苗代・磐梯高原ICから国道459号経由で約25分。

問い合わせ先

裏磐梯観光協会　☎0241-32-2349

ベストシーズン

5～6月の春は新緑が美しく、7～8月の夏は涼しく爽やか、9～11月の秋は紅葉シーズンとなる。通年11月上旬に初雪が降り、4月末まで残雪がある。冬期に行く場合はスノーシューなどが必要。

名物＆名産品

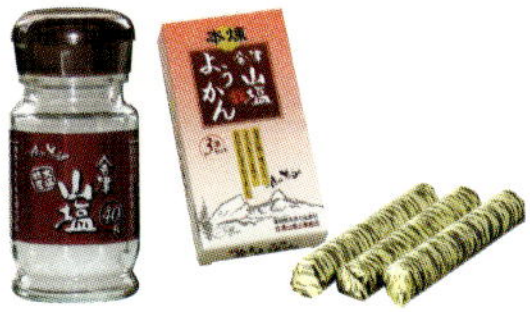
「会津山塩」と「会津山塩ようかん」

裏磐梯の大塩裏磐梯温泉に湧く強食塩泉を煮詰めて作る「会津山塩」は、海の塩よりカルシウム含有量が高い。おみやげ用の塩や、この塩を使った「会津山塩ようかん」、「会津山塩ラーメン」などがある。高地で育つ紅花いんげん「花嫁ささげ」も名産品。

噴火により誕生した300を超す湖沼群

明治21年（1888）、会津磐梯山の噴火により出現した高原大地が現在の裏磐梯だ。磐梯山の南に位置する猪苗代湖の表磐梯に対して、北側のエリアが裏磐梯と呼ばれるようになった。噴火で堰き止められた川は、桧原湖、秋元湖、小野川湖、曽原湖などの湖となり、大地の窪地に溜まった水は無数の湿地や沼を形成。300以上の湖沼群となった。五色沼湖沼群もその一部で、毘沙門沼、赤沼、みどろ沼、弁天沼、瑠璃沼、青沼などからなる。沼により色が違うことが名前の由来で、青沼は目の覚めるようなブルー、瑠璃沼は見る場所により水の色が変わるなど、それぞれに目を楽しませてくれる。

＋モデルルート

五色沼自然探勝路を歩く

五色沼入口（10分）-毘沙門沼（25分）-赤沼（3分）-みどろ沼（5分）-竜沼（4分）-弁天沼（6分）-瑠璃沼（3分）-青沼（10分）-柳沼（4分）-バス停・裏磐梯高原駅と歩いて、全長3.6km、所要約1時間10分。車の場合はどちらかの入口に停め、バスを利用して戻る。滑りにくい靴、長ズボン、長袖で歩こう。

8

雪原に立ち並ぶ
アイスモンスター

蔵王《ざおう》の樹氷《じゅひょう》

山形県／山形市

蔵王ロープウェイ地蔵山頂駅から熊野岳にかけての一帯。ゲレンデ外なので万全の装備が必要です。

1

1立ち並ぶアイスモンスター。見頃の2月は荒天が続くこともある。2蔵王ロープウェイは山麓駅から樹氷高原駅まで行く山麓線と、そこから標高1661mの地蔵山頂駅まで行く山頂線の2本がある。夏期はトレッキングが楽しめる。3樹氷が見られるのは標高1500m付近から山頂にかけて。4 3月になると次第にやせていき、風などで一気に落ちてしまう。

2

3

4
地元では「雪の坊」と
呼ばれているんだよ。

http://www.zao-spa.or.jp

Travel Plan 08

蔵王《ざおう》の樹氷《じゅひょう》

山形県／山形市

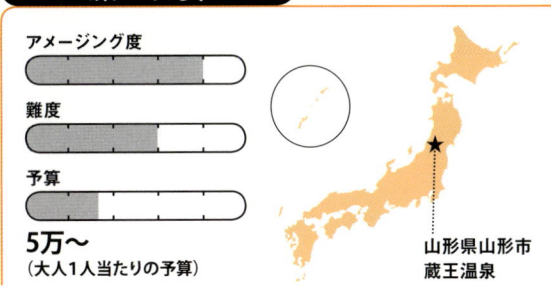

旅の目安

アメージング度

難度

予算

5万〜
（大人1人当たりの予算）

アクセス

JR 山形駅から蔵王温泉バスターミナルまで、山交バスで約 40 分。車は山形自動車道・山形蔵王 IC から西蔵王高原ラインまたは国道 13 号経由で約 30 分。山形空港から車で約 1 時間 5 分。

問い合わせ先

蔵王温泉観光協会　☎ 023-694-9328
蔵王ロープウェイ　☎ 023-694-9518

ベストシーズン

樹氷は、1 月初旬から木に付着した氷が風上に向かって成長する「エビのシッポ」となり、2 月になると着雪も相まって樹全体を覆うアイスモンスターになる。見事な樹氷が見られるのは 2 月だ。ただし、厳冬期のこの時期は気温がマイナス 10℃を下回る日も多いので防寒対策はしっかりと。また荒天時はロープウェイが運休となる場合もある。

名物＆名産品

米粒がちょこんとのった「稲花餅」

蔵王温泉の名物グルメは「ジンギスカン」。ジンギスカン鍋で羊肉と野菜を焼いて、タレを付けて味わう。山形名産のサクランボは、シーズン以外でも漬け物やスイーツで味わえる。おみやげではひと口サイズの餡入りの蒸し菓子「稲花餅《いがもち》」が定番。丸い「蔵王の湯の花」も人気。

旅のワンポイント

ゲレンデには樹氷の中を滑り降りるザンゲ坂コース〜樹氷原コースがあるが、上級者向きなので、自信がない人は帰りもロープウェイを利用しよう。12 月下旬〜 2 月下旬にかけて、樹氷をライトアップするイベントを開催（時期により週末のみ）。カラフルに照らされた樹氷はさらに幻想的。

ロープウェイで
山上の樹氷原へ

山形蔵王と言えばスキーと温泉。蔵王温泉スキー場は、14 のゲレンデからなる東北最大級のスキー場で多くのスキーヤーが訪れるが、樹氷目的の観光客も少なくない。蔵王温泉街から蔵王ロープウェイを利用すれば気軽に地蔵山頂駅まで行くことができ、周辺に立ち並ぶ樹氷を間近に見られるからだ。アイスモンスターと呼ばれ海外でも話題の樹氷は、アオモリトドマツが雪と氷に覆われたもの。木に付着した過冷却水滴と着雪によりできあがる。地形、氷点下の気温や風速など、さまざまな気象条件が重なってはじめて生まれる自然の造形は、2 月の最盛期から 3 月上旬まで見ることができる。

9

見渡す限りの緑が続く
日本一の大湿原

釧路湿原《くしろしつげん》

北海道／釧路市・釧路町・標茶町・鶴居村

JR 釧路駅～塘路駅間を走る観光列車「くしろ湿原ノロッコ号」。車窓から湿原を眺められます。

1

コッタロ川の周囲に湿地が広がる、原始的で瑞々しい湿原の様子に目が癒されます。

2

釧路湿原《くしろしつげん》

地平線まで続く緑のじゅうたん。右手には釧路市街の向こうに太平洋が見えます。

上：釧路市湿原展望台の遊歩道にあるサテライト展望台からの雄大な眺め。1 湿原内の道道1060号線沿いにあるコッタロ湿原展望台より。2 8～9月にかわいいピンク色の花を付けるホソバシモツケ。3 冬期は湿原の西側にある給餌場に、数百というタンチョウが集まってくる。4 サルボ展望台から湿原の東にある塘路湖を望む。釧網本線のレールも見える。

3

4

Travel Plan 09

釧路湿原《くしろしつげん》

北海道／釧路市・釧路町・標茶町・鶴居村

貴重な生き物たちが暮らす緑のゆりかご

釧路湿原は東西25km、南北36km、面積約220㎢の日本最大の湿原。周囲を含む約287㎢が釧路湿原国立公園に指定され、中心部は鳥類の生態系を守るラムサール条約の登録湿地となっている。一帯はかつては海だった場所で、約4000年前に海水が引き、堆積した泥炭などによって湿原が誕生した。そのため湿原内には宮島岬やキラコタン岬と名付けられた、海の名残の高台がある。全体の8割が低層湿原で、釧路川に流れ込む無数の川や大小の湖沼が点在。特別天然記念物のタンチョウや、国内では釧路湿原のみに生息するキタサンショウウオなど、貴重な生き物の宝庫となっている。

旅の目安

アメージング度

難度

予算

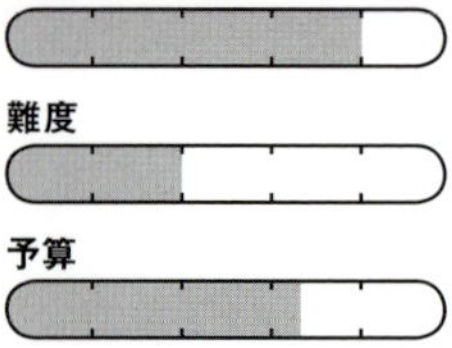

10万～
（大人1人当たりの予算）

アクセス

たんちょう釧路空港から釧路市湿原展望台まで車で約20分、JR釧路駅まで約30分。細岡展望台へはJR釧路駅から釧網本線で15分の釧路湿原駅から徒歩10分。

問い合わせ先

釧路観光コンベンション協会　☎0154-31-1993

ベストシーズン

「くしろ湿原ノロッコ号」は自由席もあるが、事前に指定席を予約しておいたほうがいい

「くしろ湿原ノロッコ号」の運行期間は4月下旬～10月末（運休日あり）。期間中、釧路～塘路《とうろ》間を1日1～2往復の運行。湿原の緑と花が美しいのは7～8月中旬。9月中旬を過ぎると秋の気配を感じてくる。タンチョウは夏でも見られることがあるが、10月～3月上旬にかけては、湿原の西側にある給餌場に、多い日には200羽以上が集まる。

名物＆名産品

あっさり醤油味で細麺が特徴の「釧路ラーメン」（ラーメン仁）

湿原の拠点となる釧路はご当地グルメの宝庫。「釧路ラーメン」を筆頭に、釧路発祥とされる「ザンギ」（鶏の唐揚げ）や「炉端焼き」、「スパカツ」などがある。北海道屈指の漁港だけに、和商市場では新鮮な魚介を自分で選んで作る「勝手丼」が人気。

旅のワンポイント

湿原内に自由に立ち入ることはできないので、周辺にある展望台や遊歩道を歩いて湿原観光を楽しむ。ほかにも、湿原内を流れる釧路川をカヌーで下るネイチャーツアー、北海道の在来馬「どさんこ」に乗って湿原をトレッキングできる「鶴居どさんこ牧場」などがある。

モデルルート

Day 1 ビュースポット巡りと夜は釧路のご当地グルメ

AM10:30

湿原の西側からの雄大な展望を満喫

釧路湿原を効率よく回るにはレンタカーがあると便利。釧路空港からまずは釧路市湿原展望台へ。展望台の屋上からも湿原が一望できるが、展望台を起点とする遊歩道を歩いてサテライト展望台を目指そう。湿原の雄大な風景に圧倒される。

釧路市湿原展望台の名物「丹頂ソフト」

遊歩道は1周2.5km、所要約1時間

AM12:30

コッタロ湿原展望台からサルボ展望台へ

湿原の西側と東側を結ぶ未舗装の道を走って、コッタロ湿原展望台へ。駐車場から急な階段を200段ほど上ると、眼下にコッタロ川と、キラコタン岬方面が望める。そのまま進むと国道391号に出るが、その手前にサルルン展望台、サルボ展望台のビュースポットがある。

サルルン展望台からは4つの沼が望める

PM6:00

釧路市街で名物グルメをハシゴ

国道391号を南に向かうと釧路の町へと入っていく。道東屈指の漁港で、夕日が美しい町として知られている。新鮮な魚介を寿司や刺身で楽しむもよし、釧路名物の炉端焼きや釧路ラーメンなど、ご当地グルメをハシゴするのもいい。

炉端焼きの老舗「炉ばた しらかば」で釧路の魚を味わう

Day 2 ノロッコ号の乗車とタンチョウウォッチング

AM11:00

ノロッコ号に乗って東側代表の細岡展望台へ

釧路と網走を結ぶ釧網本線の、JR釧路駅～塘路《とうろ》駅間を運行する観光列車「くしろ湿原ノロッコ号」に乗車。釧路湿原駅で下車して細岡展望台へ向かう。細岡ビジターズラウンジの先に、2カ所の展望台があり、湿原の広大な景色を楽しめる。そのままノロッコ号で塘路駅まで行ってもいいが、時間がなければ在来線に乗って釧路に戻ろう。

細岡展望台からは湿原と蛇行する釧路川、遠くに阿寒の山々が望める

PM2:00

釧路のシンボル タンチョウに会いに

タンチョウは、夏は湿原の奥地にいて見かけるチャンスは少ない。そこで、タンチョウの保護と繁殖を行っている釧路市丹頂鶴自然公園へ。自然に近い環境で飼育されている美しいタンチョウの姿をじっくり観察。展示館も併設している。

10羽ほどのタンチョウが飼育されている

+1 Day

阿寒湖でアイヌ文化に触れる

道東の玄関口でもある釧路を拠点に、マリモで有名な阿寒湖、日本本土最東端の納沙布《のさっぷ》岬、世界遺産の知床半島へ足をのばすこともできる。釧路から阿寒湖は車で1時間30分ほど。阿寒湖クルーズでマリモを見学し、北海道最大のアイヌコタンで伝統舞踊の見学や、木彫りの店を見て歩こう。温泉地でもあり、温泉自慢の宿も多い。

雄阿寒岳を眺めながらのクルーズ

阿寒湖内のチュウルイ島にあるマリモ観察センターにて

闇夜に浮かび上がる無数のかまくら 雪灯りが織りなす幻想的な風景

10

横手のかまくら《よこてのかまくら》

秋田県／横手市

アクセス▶JR横手駅から各会場へは徒歩で移動、もしくは巡回バスを利用する。会場周辺に駐車場が整備されているが、期間中は交通規制が行われており、公共交通機関の利用がおすすめ。

問い合わせ▶横手市観光協会
☎0182-33-7111

所在地▶会場は横手地域局前道路公園、横手公園、羽黒町、二葉町ほか

秋田県南部に位置する横手市で、毎年２月中旬に行われる「横手の雪まつり」。この祭りのひとつ「横手のかまくら」は、踏み固めた雪山に穴を開け、中の雪を掻き出す雪穴式で造られる。3mほどの高さのかまくらの中には水神が祀られている。写真のミニかまくらは30cmほどの小さなかまくらの中にろうそくが灯されており、風が吹く度に炎が揺らめく。今から約400年前の藩政時代、子供の無事成長を祈り、門松やしめ縄を四角い雪の壁の中で燃やす習慣があった。それが明治時代に水神祭と混ざり、当時子供らの間で流行っていた雪に穴を開けて中に入るという遊びも加わって、今のかまくらになったと言われている。ミニかまくらは各会場のほか歩道脇にもあり、その数は約１万個にもおよぶ。15～16日の18～21時にはライトアップも行われる。

関東

- 11 百段階段
  [東京] P.56
- 12 華厳ノ滝と中禅寺湖
  [栃木] P.60
- 13 国営ひたち海浜公園
  [茨城] P.66
- 14 小笠原諸島
  [東京] P.70
- 15 鎌倉の紫陽花
  [神奈川] P.76
- 16 鋸山
  [千葉] P.80
- 17 尾瀬ヶ原・尾瀬沼
  [群馬／福島] P.86
- 18 巾着田
  [埼玉] P.90

AMAZING SPOT 100 KANTO

純金箔、純金泥、純金砂子で仕上げられたきらびやかな「漁樵（ぎょしょう）の間」。

11

日本の美がちりばめられた絢爛豪華な世界

百段階段《ひゃくだんかいだん》

東京都／目黒区

「百段階段」は、ここ目黒雅叙園の旧３号館の通称で、７つの部屋と階段廊下からなります。
1

3

4

1贅を尽くした7つの部屋を99段の階段廊下が結んでいる。2「草丘の間」の格天井や欄間の絵は礒部草丘の四季草花絵。障子建具は手の込んだ面腰組子。3北山杉の床柱、格天井や欄間いっぱいに板倉星光の四季草花が描かれている「星光の間」。4「静水の間」の格天井には池上秀畝の鳳凰・舞鶴、欄間四方には小山大月の金箔押地秋草が描かれている。

2

https://www.megurogajoen.co.jp/hyakudankaidan/

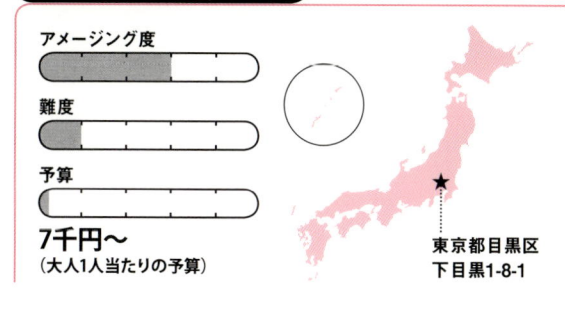

Travel Plan 11

百段階段《ひゃくだんかいだん》

東京都／目黒区

伝統芸術が集約された色彩空間にうっとり

昭和3年(1928)創業、日本初の総合結婚式場として知られる目黒雅叙園。「昭和の竜宮城」と讃えられていたかつての趣を残すのは、昭和10年に建てられた目黒雅叙園旧3号館にある「百段階段」。園内に現存する唯一の木造建築で、東京都の指定有形文化財に指定されている。食事や宴に使われていた7つの部屋をつなぐ、99段の階段廊下が名前の由来。それぞれの部屋は、壁や天井、柱、欄間にいたるまで、荒木十畝《あらきじっぽ》や鏑木清方《かぶらききよたか》といった昭和初期の著名な作家によって飾り立てられている。金銀漆箔や螺鈿細工、日本画や彫刻などで埋め尽くされた内部は、江戸の美意識を感じさせる豪華な空間だ。

旅の目安

アメージング度

難度

予算

7千円〜
(大人1人当たりの予算)

アクセス

東京国際空港(羽田空港)から東京モノレールで約20分、浜松町駅でJR山手線に乗り換え10分、JR目黒駅下車、徒歩3分。

問い合わせ先

目黒雅叙園　☎03-3491-4111

ベストシーズン

文化財のため通常は非公開だが、年4～5回の企画展覧会開催時のほか、食事とガイド付きの見学ツアー開催時に鑑賞が可能。毎年1月下旬～3月上旬の「百段雛まつり」が有名。

百段階段にお雛さまが展示される恒例の企画展「百段雛まつり」

名物&名産品

目黒雅叙園という文字が描かれたメゾン・ジェ・トウキョウの「ミニ月餅」がおみやげに人気。桜、マンゴー、栗、柚子の4種類の餡が楽しめる。

食べやすいひと口サイズの「ミニ月餅」

旅のワンポイント

じっくり美術品を鑑賞したいなら、食事付きの見学ツアーに参加するのがおすすめ。食事処は日本料理、西洋料理、中国料理、ステーキハウスの4つの店から選べる。ガイドは地元のボランティアの方。小話を交えた解説で歴史や美術品について学びながら回ることができる。また、目黒雅叙園には1億円かけたと言われる、日本庭園を模した豪華なトイレがある。訪れる際には忘れずに利用したい。

12

湖から流れ出した水が
断崖を一直線に落下する

華厳ノ滝と中禅寺湖《けごんのたきとちゅうぜんじこ》

栃木県／日光市

明智平展望台からは中禅寺湖と華厳ノ滝の両方が望め、右下には白雲滝も見ることができます。

水量は滝の上部にある中禅寺ダムで調整され、落水量の安定が図られています。

華厳ノ滝《けごんのたき》と中禅寺湖《ちゅうぜんじこ》

1

左頁：華厳ノ滝は、那智の滝、袋田の滝と並ぶ日本三大瀑布のひとつ。97m の落差を一気に流れ落ちる様子は迫力がある。幅 7m、滝壺の深さは 4.5m。1 中禅寺湖は湖畔に遊歩道が整備され、展望と自然が楽しめる。湖内を巡るクルーズ船も運航している。2 冬は滝の中段から流れ出す十二滝が氷瀑となって岩肌にかかるレースのよう。3 中禅寺湖に突き出した八丁出島の紅葉。中禅寺湖スカイラインの半月峠より。4 明智平ロープウェイからの第一いろは坂と、右手に見えるのは方等の滝。

3

2

4

Travel Plan

12

華厳ノ滝《けごんのたき》と中禅寺湖《ちゅうぜんじこ》

栃木県／日光市

旅の目安

アメージング度

難度

予算

2万〜
（大人1人当たりの予算）

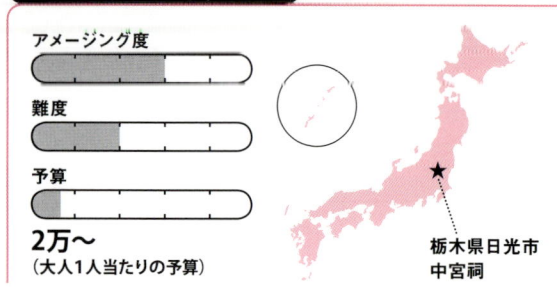

いろは坂を上って日光の自然の懐へ

中禅寺湖は、男体山のすそ野に横たわる周囲約25km、最大水深163mの湖。男体山の噴火によってできた堰止湖で、日光国立公園内の標高1269mの高所に位置している。北東に美しいシルエットの男体山、湖畔は岩や岬が突き出した複雑な地形をしており、調和のとれた美しさは日本百景のひとつ。この中禅寺湖から流れ出す大谷川にかかるのが、同じく奥日光の象徴である華厳ノ滝だ。滝壺の正面にある観瀑台までエレベーターを使って降りることができ、水しぶきを上げながら97mを一気に落ちる滝を目の当たりにできる。流れ落ちた水は大谷川を通って、鬼怒川へと流れ込んでいる。

アクセス

華厳ノ滝までJR・東武日光駅から車で約45分。バスは東武バス中禅寺温泉行き、または湯元温泉行きで約45分、中禅寺温泉下車、徒歩5分。中禅寺湖のクルーズ船乗り場へは、バスで約50分の遊覧船発着所下車。秋の紅葉シーズンなどはいろは坂が渋滞することが多い。

問い合わせ先

日光市観光協会　☎ 0288-22-1525

ベストシーズン

通年楽しめるが、特に秋の紅葉の美しさで知られる。華厳ノ滝は、4月中旬にヤシオツツジが渓谷を彩り、5月に新緑がはじまる。紅葉は10月中旬〜下旬にかけて。1月下旬〜2月下旬にかけては十二滝が凍って無数のつららとなる様子が見られる。

名物＆名産品

日光で忘れず味わいたい「日光湯波」

多くの修験者が集まった日光では独自の精進料理が発展した。そのひとつが「日光湯波」で、京都の湯葉より厚めで巻いてあるのが特徴。湯波料理や精進料理、湯波のスイーツなどが味わえる。「日光そば」、「たまり漬け」も有名。

旅のワンポイント

1200年以上の歴史を持つ「男体山登拝講社大祭」が毎年7月31日〜8月7日にかけて行われる。中禅寺湖の湖畔の二荒山神社中宮祠から男体山の奥宮に登る「男体山登拝」のほか、花火や行人行列、深山踊りなどの奉納行事がある。厳冬期の2月上旬には「中禅寺温泉カマクラ祭り」が開催される。

モデルルート

Day 1 絶景と自然を満喫し奥日光湯元温泉へ

AM10:30

いろは坂を上って華厳ノ滝から中禅寺湖へ

いろは坂は上り専用の「第二いろは坂」と下り専用の「第一いろは坂」に分かれており、両方合わせて“いろは”と同じ48のカーブがある。「第二いろは坂」の途中の明智平からロープウェイで展望台に上がると、中禅寺湖と華厳ノ滝が一望できる。華厳ノ滝から中禅寺湖までは徒歩10分ほどの距離。

明智平展望台から奥日光の絶景を楽しもう

AM12:00

中禅寺湖ではクルーズと湖畔散策を楽しむ

中禅寺湖を巡る1周航路のクルーズは所要約55分。船から男体山の眺めや周辺の自然を観賞できる。途中下船して立木観音や、湖畔のハイキングコースを歩くのも。運航期間は4月第2土曜～11月30日。

船を利用して二荒山神社中宮祠、竜頭の滝などの見どころを回ろう

PM3:30

戦場ヶ原の雄大な湿原の景色に癒される

中禅寺温泉から車、またはバスで20分ほどの、男体山の西側に広がる戦場ヶ原は、標高1400mの高地にある湿原。時間に余裕があれば、自然研究路を歩いて高山植物やバードウォッチングを楽しむことも。

戦場ヶ原のワタスゲが見られるのは6月頃

PM5:00

奥日光の古湯 奥日光湯元温泉へ

延暦7年（788）に日光山輪王寺を建立した勝道上人により発見されたという歴史のある温泉。湯ノ湖の湖畔に温泉宿が集まっており、乳白色の湯は美肌になると評判だ。冬は日光湯元温泉スキー場でスキーもできる。

豊富な湯量の湯元温泉

Day 2 世界遺産・日光の二社一寺を巡る

AM10:00

日光山内の社寺をじっくり見学

日光山輪王寺、日光東照宮、二荒山《ふたらさん》神社の日光山内は、国宝や重要文化財に指定されている建造物 103 棟と、それらを取り巻く遺跡が、1999 年に世界文化遺産に登録された。見学するルートは特に決められていないが、神橋《しんきょう》を渡り、手前から輪王寺本堂～日光東照宮、上新道を通って二荒山神社～輪王寺大猷院《だいゆういん》と巡ってみよう。

二荒山神社の神橋。日本三大奇橋のひとつでもある重要文化財

日光山輪王寺大猷院にある夜叉門

+1 Day

ニッコウキスゲの大群落と銅山

日光山内巡りとセットで楽しめるのが霧降高原。JR日光駅から車で約30分のキスゲ平園地から、小丸山展望台まで1445段の階段が設けられている。展望台からは関東平野が一望。ほかにも中禅寺湖への途中から国道122号を約20分のところに、かつて日本一の鉱都と呼ばれた足尾銅山があり、坑道内を見学できる。

7月はニッコウキスゲの大群落が見られる霧降高原

13

初夏の訪れを告げる
花と空と海のブルーの三重奏

国営ひたち海浜公園《こくえいひたちかいひんこうえん》

茨城県／ひたちなか市

約450万本のネモフィラの花に覆われた「みはらしの丘」。

「みはらしの丘」はひたちなか市
内で最も高い場所。ネモフィラの
中の散策路を上っていきます。

1

丘を上っていくと青
い空と青い花と青い
海が見られます。

2

1「みはらしの丘」の3.5haに、青色のインシグニスブルー、白色のインシグニスホワイトの２種類のネモフィラが植えられている。2丘一面のネモフィラが風に揺れる様は、まるでさざ波のよう。3ネモフィラのシーズンが終わると、コキア(ホウキグサ)へと植え替えられる。4夏場は緑色だったコキアが、秋になると真っ赤に変身！

3

4

http://hitachikaihin.go.jp

Travel Plan 13

国営ひたち海浜公園《こくえいひたちかいひんこうえん》

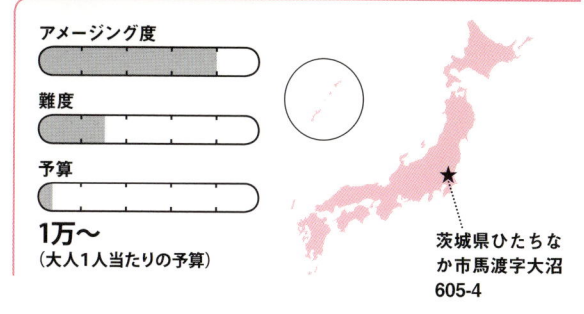

茨城県／ひたちなか市

旅の目安

アメージング度

難度

予算

1万～
（大人1人当たりの予算）

四季折々の花が咲く首都圏最大の国営公園

総面積190haの広大な国営公園。みはらしエリア、樹林エリアなど7つのエリアに分かれており、ネモフィラが咲くのは園内北部に位置する「みはらしの丘」。丘の上からは太平洋を一望でき、空、海、ネモフィラの、3つのブルーの絶景を楽しめる。ネモフィラは和名を瑠璃唐草といい、15cmほどの茎の先に約2cmの花を付ける。一年草なので毎年、新たに450万本ものネモフィラが植えられるというから驚きだ。ネモフィラ以外にも年間を通して、スケールの大きな花のじゅうたんが見られる。園内には25種類以上のアトラクションが楽しめるプレジャーガーデンも併設されている。

アクセス

JR勝田駅からバスで約20分、海浜公園西口、または南口下車。ひたちなか海浜鉄道勝田駅から26分の阿字ヶ浦駅下車、徒歩20分。ネモフィラの開花期間中は、阿字ヶ浦駅から無料のシャトルバスが運行される。

問い合わせ先

ひたち公園管理センター　☎029-265-9001

ベストシーズン

チューリップは4月中旬～下旬が見頃

ネモフィラの開花シーズンは4月下旬～5月中旬にかけて。開花期間中、特に休日は大混雑が見込まれる。開園時間直後に到着すれば、比較的スムーズに入園できる。GW中は早朝開園が実施される場合もあるので、詳しくは問い合わせを。春にはスイセンやチューリップ、夏にはバラやジニア、秋にはコキアやコスモス、冬には寒咲きナノハナなど、季節ごとに違う花が咲き、いつ行っても楽しめる。

名物&名産品

「ネモフィラの風」は春限定商品

公園内のレストランやショップでは、ほんのり青色の「ネモフィラソフトクリーム」や、中にブルーベリージャムが入った山芋生地の饅頭「ネモフィラの風」など、ネモフィラにちなんだオリジナルスイーツを販売。一部商品は期間限定。

旅のワンポイント

園内にサイクリングコースが整備されており、レンタサイクルを利用して周遊するのも楽しい。また、各エリア間を結ぶシーサイドトレインと呼ばれる有料のシャトルバスを利用すれば、広い園内も楽に移動することができる。

14

独自の進化を遂げた
太平洋に浮かぶ島々

小笠原諸島《おがさわらしょとう》

東京都／小笠原村

体長 14m ほどあるザトウクジラは
12 ～ 5 月にかけて、繁殖のために
小笠原諸島に回遊してきます。

約200種類のサンゴが生育している小笠原諸島は、ダイバーたちの憧れのスポットでもあります。

小笠原諸島《おがさわらしょとう》

1

2

3

1長崎展望台付近から望む兄島瀬戸。父島の北部に位置しており、この周辺は特別保護地区に指定されている。2母島列島にのみ生息する特別天然記念物のハハジマメグロ。3島でよく見かけるシダ植物の一種、マルハチの森。4父島南西の無人島、南島の沈水カルスト地形を象徴する扇池。

4

Travel Plan 14

世界遺産

小笠原諸島《おがさわらしょとう》

東京都／小笠原村

多様な生き物が暮らす “進化の実験場”

東京の遥か南、約1000kmの太平洋に浮かぶ小笠原諸島。大小約30の島々からなり、北から聟島《むこじま》列島、父島列島、母島列島、火山列島（硫黄島列島）に分けられる。ほとんどが無人島で、一般人が暮らしているのは父島と母島のみ。どの島もこれまで一度も大陸とつながったことがないため、独自に進化を遂げた固有の生物が数多く生息し、2011年に世界自然遺産に登録された。“ボニンブルー”と称される青く澄みきった海には熱帯魚やクジラが悠々と泳ぎ、亜熱帯の森では珍らしい野鳥や植物に出会える。ありのままの自然の営みに触れることのできる、まさに地上の楽園だ。

旅の目安

アメージング度

難度

予算

12万～
（大人1人当たりの予算）

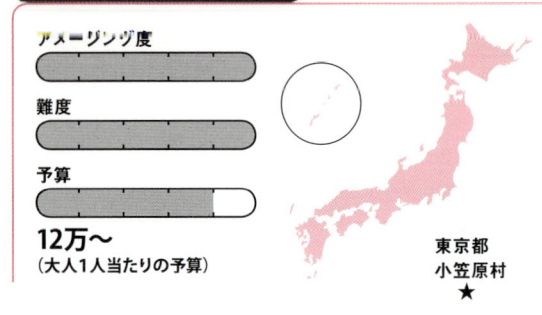

アクセス

小笠原諸島に飛行場はないので、船が唯一の交通手段となる。東京港竹芝桟橋から父島二見港まで、定期船おがさわら丸で約25時間30分。基本的に週に1便、7月下旬～9月上旬は週に2便の運航。GWや夏休み期間中などはすぐに満席になるので、予約開始日に予約をいれたい。

問い合わせ先

小笠原村観光協会（父島）　☎ 04998-2-2587
小笠原母島観光協会（母島）　☎ 04998-3-2300

ベストシーズン

夏の平均気温は28℃前後、冬でも18℃前後と年間を通じ海に入れるが12～4月にかけてはウェットスーツなどの着用がおすすめ。ホエールウォッチングは時期によって見られる種類が異なる。ザトウクジラは12月下旬～5月上旬、マッコウクジラは6～11月に遭遇率が高い。イルカは通年見ることができる。

名物＆名産品

サワラなどの白身魚を醤油漬けにして、甘めの酢飯で握った「島寿司」が名物。ワサビではなくカラシを使う。ほかに、パッションフルーツやグアバなど、南国らしいフルーツも人気。

魚を漬けにした握りの「島寿司」

旅のワンポイント

7月下旬～9月上旬を除くと、船の運航に合わせて最短でも5泊6日（島内滞在は3泊）となる。島内は父島のみ村営のバスが運行。レンタカーやレンタサイクルは、台数に限りがあるので夏期は早めに予約を。各種ツアーは宿までの送迎付きのものがほとんど。

http://www.ogasawaramura.com

モデルルート

Day 1,2 ビーチで遊んだ後は夕焼けスポットへ

AM11:30

チェックインをしてさっそくビーチへ

1日目は10時に東京港竹芝桟橋を出港する定期船おがさわら丸に乗って、約25時間30分の船の旅。二見港に着くと、島の住人や宿のスタッフがお出迎え。宿や飲食店などは港のある大村に集中している。すぐそばの大村海岸で遊んでもいいし、島内一の広さを誇る小港海岸や、サンゴが美しい宮之浜まで足をのばすのもいい。スノーケリングやカヤックなど、楽しみ方はいろいろ。

真っ白な砂浜が広がる小港海岸

日没前

太平洋に沈むサンセットを眺める

二見港から徒歩40分ほど。標高200mほどの高さにある三日月山展望台は絶好の夕日スポット。1～4月はザトウクジラが見えることも。晴れていれば母島まで望むことができる。

二見港や周辺の島々も一望できる

Day 3 固有植物を探してガイドと森を歩く

AM9:00

ハートロックの頂上を目指してトレッキング

海から眺めると岩肌がハートの形に見えるというハートロック。父島ではこの岩の頂上を目指すトレッキングが人気。ガジュマルやマルハチが繁茂する亜熱帯の森の先に、太平洋の大パノラマが広がる。保護区域なので東京都認定ガイド同行でのみ入林が可能。

ハートロックコース途中からの美しい眺め

PM7:30

光るキノコを発見!? わくわくのナイトツアーへ

グリーンペペという愛称のヤコウタケ

夜の父島も魅力が満載。暗闇の中で光るキノコや、天然記念物のオガサワラオオコウモリなどに出会えるチャンス大。天気が良ければ満天の星空を眺めることも。

Day 4~6 ツアーに参加して島の大自然を堪能

AM9:00

ホエールウォッチングと南島を探検する１日ツアー

日本で初めてホエールウォッチングが行われた小笠原

ダイナミックな光景を求めてホエールウォッチングのツアーに参加。ドルフィンウォッチングや、ドルフィンスイムが組み込まれている。さらに父島の南西に浮かぶ南島も訪れる。岩々が織りなす奇観と白い砂浜が美しい。

小笠原ならではのお見送りは感動モノ

最終日の５日目は船の出航まで、みやげ物を買い求めたり街散策を楽しむ。14 時発の船で二見港を出発、翌日の 15 時 30 分頃に東京港竹芝桟橋へ到着する。

+6 Days

母島や周辺の島々を巡る

おがさわら丸の運航スケジュール上、延泊する場合は６日ほど日程をのばす必要がある。父島を存分に楽しんだら、船で２時間ほどの母島へ足をのばすのもいい。多彩なハイキングコースやマリンアクティビティが揃っている。また、父島を拠点に、聟島列島を訪れるツアーに参加するのもおすすめ。

乳房山からの母島東崎の眺め

父島と母島を結ぶ「ははじま丸」

15

紫陽花が寺院を彩る
わびさびの古都鎌倉へ

鎌倉の紫陽花《かまくらのあじさい》

神奈川県／鎌倉市

「あじさい寺」で知られる明月院の姫紫陽花は、白から次第に青くなっていくのが特徴です。

境内の観音山の斜面を紫陽花が埋め尽くす長谷寺。散策路を歩いて観賞できます。
1

2

1長谷寺には40種類以上、約2500株の紫陽花が植えられている。境内には高さ9.18mもある十一面観音菩薩立像など、見どころも多い。 2鎌倉に行ったら高徳院の「鎌倉大仏」こと、阿弥陀如来像を拝みに行きたい。高さ13.35m、重量約121tあり、国宝に指定されている。 3御霊(ごりょう)神社には深山八重紫や幻と言われる七段花などの紫陽花が咲く。 4成就院の参道からは紫陽花の向こうに由比ヶ浜が望める。

4

紫陽花と江ノ電の写真を撮るなら御霊神社へ。
3

http://www.kamakura-info.jp

Travel Plan 15

鎌倉の紫陽花《かまくらのあじさい》

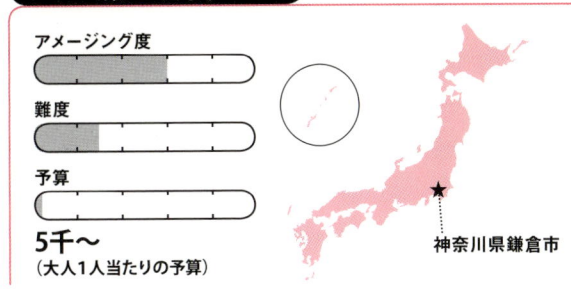

神奈川県／鎌倉市

旅の目安

アメージング度

難度

予算

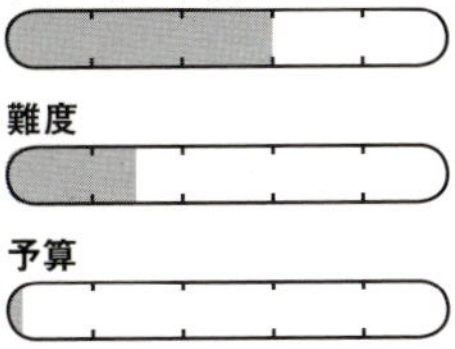

5千～
（大人1人当たりの予算）

参道や石段の両側を覆うように咲く紫陽花

鎌倉と紫陽花の歴史はそれほど古くなく、戦後、手入れが楽で心が癒される花をということで植えられるようになったという。紫陽花は日本原産で塩害に強く、日陰の湿った土地でも育つことから、鎌倉の気候にも合っていたと思われる。「あじさい寺」で知られる明月院の紫陽花は、姫紫陽花と呼ばれる日本古来の品種。ほかにも時期になると、カラフルな西洋紫陽花や山紫陽花などの紫陽花が鎌倉の寺院を彩る。JR 北鎌倉駅周辺の明月院と、裏山を覆うように山紫陽花が咲く浄智寺、江ノ電の長谷駅周辺の長谷寺、108 段ある階段の両側に紫陽花が咲く成就院が特に有名だ。

アクセス

寺院によって最寄り駅は異なる。拠点となるのは JR 鎌倉駅から江ノ電こと江ノ島電鉄で 5 分の長谷駅、JR 北鎌倉駅など。おもな寺院は最寄り駅から徒歩で行くことができる。

問い合わせ先

鎌倉市観光総合案内所　☎ 0467-22-3350

ベストシーズン

紫陽花が見頃になるのは 6 月中旬～ 7 月中旬にかけて。鎌倉石の階段や寺院を彩る紫陽花は、日本のわびさびを感じられる風景だが、紫陽花の時期は鎌倉が最も混雑する時期でもある。できれば週末を避け、早朝に出かけるように心がけたい。

名物＆名産品

鎌倉と言えば「鳩サブレー」

鎌倉で人気のおみやげは、定番の豊島屋の「鳩サブレー」、鎌倉紅谷の「あじさい」や「クルミッ子」、力餅家の「権五郎力餅」、ニュージャーマンの「かまくらカスター」など。ほかにも大船軒の「鯵の押寿し」、鎌倉ビールに鎌倉ハムなど、スイーツから食品まで豊富に揃う。伝統工芸品では鎌倉彫が有名。ユニークな鎌倉大仏グッズもある。

＋モデルルート

紫陽花のお寺と鎌倉大仏巡り

JR 北鎌倉駅（徒歩 3 分）－東慶寺（徒歩 5 分）－浄智寺（徒歩 10 分）－明月院（徒歩 10 分）－JR 北鎌倉駅／JR 横須賀線で 3 分の鎌倉駅から江ノ電で 5 分、長谷駅下車／江ノ電長谷駅（徒歩 10 分）－鎌倉大仏殿高徳院（徒歩 10 分）－長谷寺（徒歩 7 分）－御霊神社（徒歩 7 分）－成就院（徒歩 5 分）－江ノ電長谷駅。

16

「地獄のぞき」から
関東一円を一望する

鋸山《のこぎりやま》

千葉県／鋸南町

山頂の「瑠璃光展望台」の隅にある「地獄のぞき」はスリル満点のビュースポットです。

目の前に東京湾方面の大展望！ でも下を見ると……。

鋸山《のこぎりやま》

岩に彫られた高さ30mもの百尺観音。左奥に「地獄のぞき」が見えます。

1 昭和35年から6年の歳月を費やし、戦争と交通事故の犠牲者供養のために、石切場跡に彫刻された観音様。 2 羅漢道にある「百躰観音」の奥には「あせかき不動」が。 3 中腹の「千五百羅漢道」沿いにはいくつもの羅漢様が安置されている。 4 大仏広場にある「お願い地蔵尊」の前には参拝客が願いを込めて奉納した無数のお地蔵様が並ぶ。

Travel Plan 16

鋸山《のこぎりやま》

千葉県／鋸南《きょなん》町

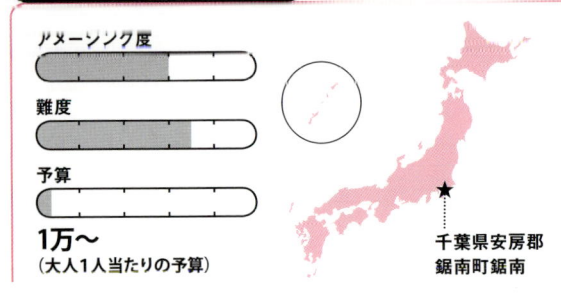

江戸時代の石切場と古刹・日本寺

房総半島の内房にそびえる、ノコギリの歯のような稜線を持つ標高329mの鋸山。北側は江戸時代から昭和の終わり頃まで、房州石が切り出された石切場の跡、斜面南側には古刹・日本寺がある。境内には2639段の石段があり、一周約1時間半で回ることができる。ハイライトはなんといっても山頂の「地獄のぞき」。石切場跡の高さ約80mの垂直の壁の上に、突き出すように設けられた展望スポットで、鉄柵が付いてはいるが思わず足がすくんでしまう。ここからは東京湾を眼下に、関東一円を見渡すことができる。展望を楽しんだら、御本尊で磨崖仏としては日本最大の大仏を参拝しよう。

旅の目安

アメージング度

難度

予算

1万～

（大人1人当たりの予算）

アクセス

鋸山ロープウェーの乗り場は、内房線のJR浜金谷駅から徒歩8分。山麓駅から山頂駅までは鋸山ロープウェーで4分。表参道入口へはJR保田駅から徒歩45分。車は東京湾アクアラインまたは京葉道路経由富津館山道路・鋸南保田ICから国道127号、鋸山登山自動車道(有料)または鋸山観光自動車道(無料) 利用で約10分。横須賀市久里浜港から東京湾フェリーで金谷港まで40分、JR浜金谷駅まで徒歩8分。

問い合わせ先

鋸山 日本寺　☎0470-55-1103

ベストシーズン

梅雨のシーズンを除けば通年楽しめるが、眺めは空気の澄んだ冬がいい。4～5月は、遠景はかすむが新緑が美しい。GWやお盆は混み合うので、時間をずらすなどして、列車利用が無難。4月と8月には夕日が富士山に落ちるダイヤモンド富士が見られる。

名物&名産品

富津名物「はかりめ丼」も味わってみたい

鋸南町は食用ナバナの栽培が盛んで11～4月にかけて道の駅などで購入できる。観賞用のカーネーションや日本水仙なども出荷され、香りの強い日本水仙は越前、淡路と並ぶ三大群生地。海産物は天日干しの干物がおみやげに人気。なお、隣接する富津町はアナゴを使った「はかりめ丼」やビワが有名。

旅のワンポイント

境内とはいえ山なので、トレッキングシューズやスニーカーなどの歩きやすい靴を履いていきたい。拝観時間は8～17時、冬期は日が短いので16時過ぎには境内から出るようにしたい。

http://www.nihonji.jp

モデルルート

Day 1 日本寺の境内をじっくりハイキング

AM10:00
ロープウェイを利用して一気に眺めのいい場所へ

鋸山の日本寺には出入口が5カ所あり、どこから入るにしても拝観料を支払って入場する。一番ラクな方法はロープウェイ。鋸山ロープウェーで一気に高度を稼ぎ、山頂駅から西口管理所を通って境内に入る。左手の長い階段を上ると「十州一覧台」。三浦半島や伊豆半島、秩父、富士山まで関東全域を一望できる。

鋸山ロープウェーで山頂駅までラクに移動

AM10:40
石切場跡の様子がよく分かる百尺観音

「十州一覧台」から同じ階段を下って少し歩くと、かつての石切場跡に出る。垂直に切り立つ岩の間を抜けると「百尺観音」が現れる。百尺(30.3m)の観音像を見上げると、「地獄のぞき」の出っ張りが目に飛び込んでくる。

下に立つと百尺の大きさが実感できる観音様

AM11:00
いよいよ山頂の「地獄のぞき」へ

最後の階段を上り切ると、山頂に到着する。山頂の周囲は垂直の壁で、ぐるりと柵で囲まれている。2カ所ある崖から突き出した展望スポット「地獄のぞき」は、高いところが苦手な人は覚悟して。展望は素晴らしく、かつて切り出された石が運ばれた金谷港をはじめ、関東一円が見渡せる。

石を上から下にと切り出していくうちに、このような形になったという

AM11:30
たくさんの羅漢が並ぶ参道の階段を上り下り

山頂から大仏広場まで階段で下りる道もあるが、江戸時代の名工、大野甚五郎などによって彫られた「百躰観音」や「千五百羅漢」、「聖徳太子像」などが並ぶ参道を歩いて、大仏広場に向かおう。

参道沿いには無数の観音像が置かれている

AM12:00
日本一の大仏を拝んで鋸山を後にする

聖武天皇の詔勅により725年、行基によって開山された日本寺の御本尊である「薬師瑠璃光如来」が鎮座する、大仏広場が最終地点。自然の岩を掘り出して造られた磨崖仏としては日本最大で高さ31.05mある。表参道管理所から出て、保田駅へと向かおう。

鎌倉高徳院の大仏の2倍以上の大きさがある

＋オプション

ハイキングの後は温泉とグルメ

保田駅から岩井方面に行くと、徒歩15分ほどで保田漁協直営の「漁協直営ばんや」に着く。本館と新館があり、宿泊施設や高濃度炭酸泉のばんやの湯も併設されており、汗を流した後に食事ができる。朝に水揚げされた新鮮なネタを握った朝獲れ寿司や金目鯛姿煮などメニューも豊富。

捕れたての房総の魚介を味わおう。ランチ時は混み合うので、遅めの時間がおすすめ

17

水辺に咲くミズバショウと
湿原を彩るニッコウキスゲ

尾瀬ヶ原《おぜがはら》・尾瀬沼《おぜぬま》

群馬県／片品村・福島県／檜枝岐村

尾瀬ヶ原の中田代にあるビューポイントより。下ノ大堀川の流れと一面のミズバショウ、至仏山の絶景！

大江湿原に群生しているニッコ
ウキスゲ。朝いっせいに咲き、
夕方にはしぼんでしまう。

1 尾瀬沼の大江湿原は、7月になるとニッコウキスゲが開花する。写真のように湿原一面が鮮やかな黄色に彩られるのは、5年に一度ほど。2 尾瀬沼からの燧ヶ岳。山頂は最高峰の紫安嵓《しばやすぐら》と、俎嵓《まないたぐら》、ミノブチ岳、赤ナグレ岳、御池岳の五峰からなる。尾瀬沼は燧ヶ岳の噴火溶岩によって堰き止められた湖だ。3 尾瀬は標高 1000m を超え、大量の水を含んでいるので、朝夕は放射冷却で地表が冷やされ霧が立ち込める。4 可憐なミズバショウはサトイモ科の多年草。白い部分は花ではなく葉の変形したもの。中央の円柱状のところが花序で小さな花が集まって咲く。

尾瀬沼の幻想的な
霧風景は日が昇る
と消えていく。

関東

Travel Plan
17

おぜがはら・おぜぬま
尾瀬ヶ原・尾瀬沼

群馬県／片品村
福島県／檜枝岐村

おぜがはら・おぜぬま
尾瀬ヶ原・尾瀬沼

http://www.oze-info.com・http://www.oze-info.jp

旅の目安

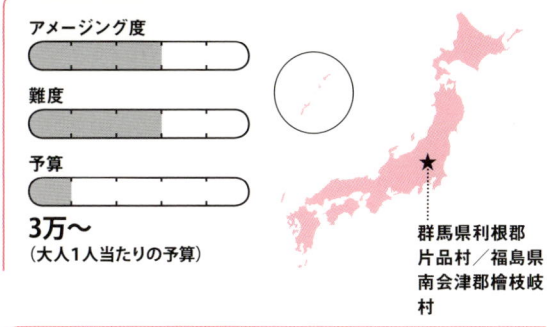

アメージング度

難度

予算

3万〜
（大人1人当たりの予算）

群馬県利根郡片品村／福島県南会津郡檜枝岐村

アクセス
尾瀬ヶ原と尾瀬沼へアクセスしやすいのは鳩待峠と大清水。鳩待峠はJR沼田駅から関越交通バス大清水行きで1時間20分、戸倉下車後、乗合バスで30分、鳩待峠下車。大清水はバスで1時間30分の終点、大清水まで行く。車は関越自動車道・沼田ICから国道120・401号経由で約50分、戸倉駐車場から乗合バスで鳩待峠へ。大清水は車両規制がないので戸倉から約15分の大清水駐車場へ。

問い合わせ先
片品村観光協会 ☎ 0278-58-3222
尾瀬檜枝岐温泉観光協会 ☎ 0241-75-2432

ベストシーズン
ミズバショウが咲く5月下旬〜6月中旬がシーズンのはじまりで、7月中旬はニッコウキスゲ、8〜9月までさまざまな花が咲く。その年の積雪量によって雪解け時期が前後するので、花の開花情報や道路状況、道路規制を事前にチェックして計画を立てよう。

名物＆名産品
片品村は花豆や大白大豆、リンゴなど高原野菜と、大白大豆と湧水で作る「尾瀬ドーフ」が名物。そばをはじめ郷土料理は粉食が多く「やきもち」や、すいとんの「つめっこ」がある。檜枝岐村もそばが有名。

旅のワンポイント
鳩待峠から山ノ鼻、中田代、尾瀬ヶ原から尾瀬沼、三平峠、大清水へと抜ける1泊2日ルートは、尾瀬二大景勝地を回るゴールデンコース。ミズバショウのシーズンは木道に残雪があるのでトレッキングシューズや雨具、スパッツ、帽子などを用意しよう。標高1000〜1700mを歩くので、夏でもかなり冷え込むことがある。

尾瀬ヶ原と尾瀬沼
水と木と花の自然美

群馬県、福島県ほか全4県にまたがる尾瀬は、至仏山や燧ヶ岳などの山々に囲まれた、標高1400mの尾瀬ヶ原や、標高1660mの尾瀬沼からなる景勝地。1960年に国指定特別天然記念物に、2007年に尾瀬国立公園に指定された。尾瀬の群馬県側は明治から昭和にかけて、豊富な水を利用した発電のため電力会社の私有地となっていた。1960年頃には尾瀬ブームにより荒廃したが、その後の自然保護活動により豊かな自然を取り戻した。雪解けの5〜6月に白い顔を出すミズバショウや可憐なリュウキンカ、7月はニッコウキスゲが夏を彩る。秋は山と湿原双方の紅葉が美しい。

COLUMN_02

日本一の群生地で
彼岸に色づく曼珠沙華

18

巾着田《きんちゃくだ》

埼玉県／日高市

アクセス▶西武池袋線高麗駅から徒歩15分。JR高麗川駅から国際興業バスの高麗駅経由飯能駅行きで10分、巾着田下車、徒歩3分。車は圏央道・狭山日高ICから国道299号経由で約20分。

問い合わせ▶巾着田管理事務所
☎042-982-0268

所在地▶埼玉県日高市大字高麗本郷

曼珠沙華《まんじゅしゃげ》(彼岸花)の群生地として知られる巾着田。荒川水系の高麗《こま》川は日高市本郷付近で大きく蛇行している。この蛇行で形成された土地が、日和田山金刀毘羅《ことひら》神社のあたりから眺めると巾着のような形に見えることから、巾着田と呼ばれるようになった。昭和40年代に旧日高町が土地を取得し、休耕田だった荒れ地を整備すると、曼珠沙華の群生が見られるように。高麗川が増水した際に、上流から球根が流れ着き根付いたという。曼珠沙華は彼岸花と呼ばれ、秋の彼岸に花が咲く。開花期間は約1週間。花が咲く時には葉がなく、冬に葉を付け一面グリーンになる。またアルカロイドという毒があり「毒花」や「痺れ花」とも、花の形から「天蓋花《てんがいばな》」、彼岸に咲くので「死人花」などさまざまな呼び名がある。

中部

19 白川郷
[岐阜] P.92

20 上高地
[長野] P.98

21 星峠の棚田
[新潟] P.104

22 名古屋城
[愛知] P.108

23 木曽路 妻籠宿
[長野] P.112

24 黒部ダムと
アルペンルート
[富山／長野] P.118

25 姥ヶ滝と手取峡谷
[石川] P.124

26 おわら風の盆
[富山] P.128

27 東尋坊
[福井] P.132

28 富士の茶畑と
桜エビ
[静岡] P.136

29 忍野八海と山中湖
[山梨] P.140

AMAZING
SPOT
100
CHUBU

荻町城跡展望台からの白川郷。真ん中のひときわ大きな「和田家住宅」は見学ができます。

19

四季と寄り添う暮らし
これぞ日本の原風景

白川郷《しらかわごう》

岐阜県／白川村

屋根の葺き替えは 100 人もの村人が協力して行い、それを結(ゆい)と呼びます。

1

2

3

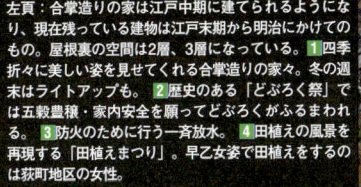

左頁：合掌造りの家は江戸中期に建てられるようになり、現在残っている建物は江戸末期から明治にかけてのもの。屋根裏の空間は2層、3層になっている。1四季折々に美しい姿を見せてくれる合掌造りの家々。冬の週末はライトアップも。 2歴史のある「どぶろく祭」では五穀豊穣・家内安全を願ってどぶろくがふるまわれる。 3防火のために行う一斉放水。 4田植えの風景を再現する「田植えまつり」。早乙女姿で田植えをするのは荻町地区の女性。

4

Travel Plan

19

世界遺産

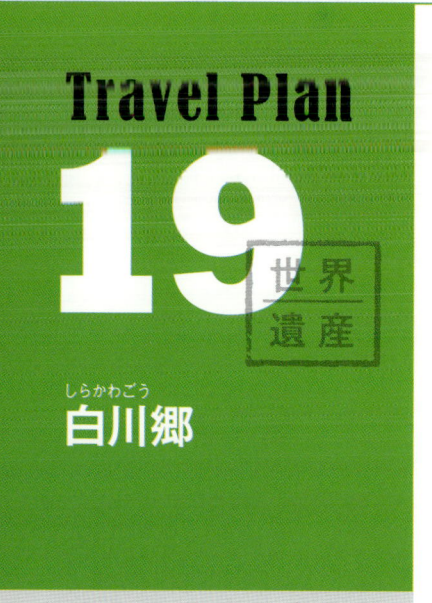

白川郷《しらかわごう》

岐阜県／白川村

旅の目安

アメージング度

難度

予算

5万～
（大人1人当たりの予算）

アクセス

JR 名古屋駅から徒歩 5 分の名鉄バスセンターから岐阜バス高速白川郷線で 2 時間 50 分（予約制）。JR 金沢駅からはバスで 1 時間 15 分、JR 高山駅（高山濃飛バスセンター）からは 50 分（一部予約制）。車は東海北陸自動車道・白川郷 IC から約 10 分。集落内は交通規制があり、バス停および公共駐車場から中心部まで徒歩 10 分。

問い合わせ先

白川郷観光協会　☎ 05769-6-1013

ベストシーズン

四季折々に違った集落の景色が楽しめる。5 月下旬の「田植えまつり」、10 月中旬の「どぶろく祭」は特に有名で、多くの観光客で賑わう。屋根への放水が行われるのは 11 月上旬。1 月中旬～ 2 月中旬にかけての一部の週末にライトアップがある。

名物＆名産品

ご当地グルメの「白川郷飛騨牛すったて鍋」

白川郷名産「どぶろく」は、アイスクリームやようかんなどのスイーツでも味わえる。白川村産のお米を使ったパン、お米から作る麺「白川郷べーめん」、固い「石割とうふ」なども。ご当地グルメは、郷土料理の白いすったて汁と飛騨牛を、たっぷりの野菜と一緒に煮込んだ「白川郷飛騨牛すったて鍋」。

旅のワンポイント

内部を見学できる合掌造りの建物は、国指定重要文化財の和田家、野外博物館合掌造り民家園、神田家、明善寺郷土館､美然 ゆめろむ館など。集落内の観光は所要 2 ～ 3 時間。集落は暮らしている人々の生活の場でもあるので、個人の敷地や田畑に立ち入らないよう注意。

豪雪地帯で生まれた合掌造りの民家

岐阜県北部飛騨地方の白川郷と、県をまたいだ富山県南西部の五箇山《ごかやま》は、1995 年に「白川郷・五箇山の合掌造り集落」として世界遺産に登録された。白川郷は庄川流域に点在する集落の総称で、中心となる白川村の荻町集落には現在、約 60 棟の合掌造りの家屋が残り、重要伝統的建造物群保存地区となっている。合掌造りの由来は、屋根の形が手を合わせた合掌の様子に似ていることから。豪雪地帯のこの地において、農閑期の養蚕は貴重な収入源であり、それを行う場として「アマ」と呼ばれる屋根裏が大きくなっていったという。茅葺きの大屋根は 30 ～ 40 年に一度、葺き替えが行われる。

http://shirakawa-go.org

モデルルート

Day 1 白川郷の村を巡って合掌造りの家に泊まる

AM12:00

早めに出発して白川郷を目指す

名古屋から白川郷への岐阜バスは、9時発と11時発のみで予約が必要。白川郷では和田家、野外博物館合掌造り民家園などの見どころを巡りながら、途中で手打ちそばやどぶろくスイーツなどを味わいたい。城山天守閣展望台や荻町城跡展望台からは、田園風景と合掌造りの家並みを一望できる。

茅葺きの合掌造りの家が並ぶ風景は昔にタイムトリップした気分

PM6:00

合掌造りの宿で昔ながらの一夜を

合掌造りの宿泊施設は、荻町集落に約20軒ある。囲炉裏を囲んで昔ながらのスローな生活を体験。夕食は地元の川魚料理や飛騨牛、山菜料理などが味わえる。

江戸時代や明治期に建築された合掌造りの家。建物は古いが宿は快適

Day 2 白川郷から高山へ江戸時代の町並み散策

AM10:30

200年近い歴史がある朝市でお買い物

白川郷から高山へはバスで約50分。高山に着いたらまず朝市を目指そう。宮川沿いに宮川朝市と陣屋前朝市がある。12時には店じまいしてしまうので、朝市狙いなら前日に高山に泊まるのがおすすめ。

朝市は毎日6時30分から開催。新鮮な野菜や漬け物などが並ぶ

AM11:30

城下町の面影を残す"さんまち"を散歩

宮川の東に広がる"さんまち"は、江戸時代の商家が残る町並みが重要伝統的建造物群保存地区に登録されている。古い町家を改装した食事処やみやげ物屋が多い。ランチやカフェ、買い物を楽しんだら、高山陣屋へも足を運ぼう。

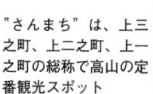

"さんまち"は、上三之町、上二之町、上一之町の総称で高山の定番観光スポット

PM6:00

温泉地が集まる奥飛騨温泉郷へ

高山からバスや車で約1時間、岐阜県北東部に位置する奥飛騨温泉郷には、平湯、福地、新平湯、栃尾、新穂高の5つの温泉地が集まる。山間の豊かな自然に囲まれ、ゆったりと温泉浴が楽しめる。

昔ながらの湯宿から近代型ホテルまで揃う。周辺には足湯も点在

Day 3 北アルプスの峰々の山岳風景を楽しむ

AM9:00

新穂高ロープウェイで北アルプスの絶景を満喫

奥飛騨温泉郷の最深部にある新穂高温泉から、西穂高岳登山道入口まで新穂高ロープウェイが運行。標高1117mの新穂高温泉駅から標高2156mの西穂高口駅まで、2本のロープウェイを乗り継いで約30分。山頂展望台からは北アルプスの雄大な景色が楽しめる。平湯温泉から上高地に抜けるルートも人気がある。

国内で唯一の2階建てロープウェイで山上へ

20

世界に誇る日本のアルプス
上高地から仰ぐ穂高連峰

上高地《かみこうち》

長野県／松本市

河童橋付近から望む、標高 3190m の奥穂高岳。富士山、北岳に続き日本で 3 番目に高い山です。

1

3

2

1 明神と徳沢の間にあるニリンソウ群生地。2輪ずつ咲くことが名前の由来。見頃は5月中旬。 2 秋の小梨平からの明神岳や前穂高岳方面の眺め。 3 田代湿原の中にある田代池。湿原には夏は高山植物が、秋は紅葉が彩りを添える。 4 上高地の中心、河童橋からは明神岳から西穂高岳まで、穂高連峰がパノラマで眺められる。 5 10月初旬の人正池からの穂高連峰。山はすでに冠雪している。

河童橋と梓川と穂高連峰の、上高地を象徴する風景。橋は長さ約36mの吊り橋です。

4

上高地《かみこうち》

原生林の中に横たわる田代池は、水と木々の緑に癒される空間。イワナが泳ぐ姿が見えることも。

5

Travel Plan 20

上高地《かみこうち》

長野県／松本市

旅の目安

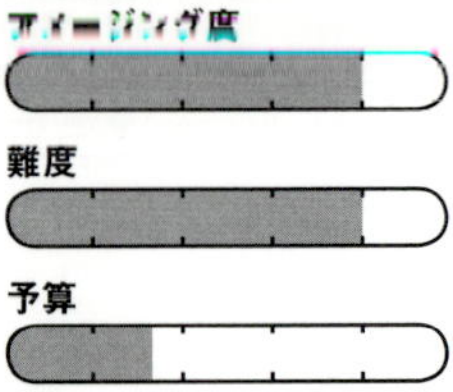

5万〜
（大人1人当たりの予算）

梓川や池から望む3000m前後の峰々

標高1500mに位置する上高地は、梓川沿いに約10kmにわたって続く谷。正面に北アルプスの穂高連峰が連なり、その美しい風景と自然は、特別天然記念物および数少ない日本の特別名勝に指定されている。上高地と穂高連峰は、イギリス人宣教師ウォルター・ウェストンが明治29年(1896)に発表した著書により、世界的にその名を知られることに。昭和に入ると上高地帝国ホテルが建設されるなど、日本初の山岳リゾートとして観光地開発が進む。その一方で、早くから自然保護やマイカー規制などが行われたことにより、今の自然が保たれた。気軽に山岳風景が楽しめる人気のスポットである。

アクセス

上高地バスターミナル（BT）へは、JR松本駅からアルピコ交通上高地線で30分の新島々駅の駅前バスターミナルから、中の湯〜大正池〜帝国ホテル前〜上高地BTへのバスが運行している。大正池まで58分、上高地BTまで1時間5分。車は中央自動車道・松本ICから国道158号経由で約1時間、沢渡《さわんど》駐車場からシャトルバスまたはタクシーで約30分。東京（新宿）、大阪（梅田）や京都からの直通バスもある。

問い合わせ先

上高地インフォメーションセンター　☎0263-95-2433

ベストシーズン

ニリンソウが咲き新緑がはじまる5月、爽やかな7〜8月、紅葉の9〜10月と、いつ訪れても美しい自然景観を楽しめる。11月15日の「上高地閉山祭」から4月27日の「上高地開山祭」までの冬期は、上高地のすべての施設が休館となる。入山は可能だが、それなりの技術と装備が必要だ。

名物＆名産品

上高地の特産品はないが、各店人気商品がある。上高地帝国ホテルの「オムライスとハッシュドビーフ」、五千尺ホテルの「山賊焼き定食」、ホテル白樺荘の「特選信州牛ビーフカレー」など。おみやげはバッヂやバンダナ、絵はがきが定番。

五千尺ホテルの「山賊焼き定食」

旅のワンポイント

装備は、トレッキングシューズやスニーカーなど歩きやすい靴、露出の少ない脱ぎ着しやすい服、雨具などを用意。上高地にはリゾートホテルから山小屋まで、15軒ほどの宿泊施設がある。上高地手前の中の湯、坂巻温泉には温泉旅館がそれぞれ1軒あり、バスで25分の歴史のある温泉地、奥飛騨平湯温泉には数多くの宿がある。

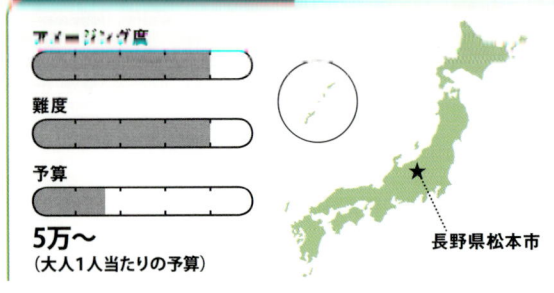

http://www.kamikochi.or.jp

モデルルート

Day 1 上高地トレッキングのハイライトコース

AM12:00

西の端の大正池からトレッキングスタート

大正池バス停から大正池はすぐ。名前の通り大正４年（1915）に現れた池で、浸水して立ち枯れた木々が印象的。天気が良ければ湖面に穂高連峰が映り込む。

標高1500mにある面積40haの大正池

AM12:45

田代池からウェストン碑を目指す

大正池から 20 分ほどで田代池と田代湿原が広がる場所へ。透明度の高い清流と、正面にはギザギザの霞沢岳が望める。さらに20 分ほど歩いて、田代橋を渡り、ホテルの前を過ぎるとウェストン碑がある。

毎年６月第１日曜にレリーフ前で「ウェストン祭」が開催される

日本近代登山の父と呼ばれるウェストンの碑

PM1:00

上高地の中心部河童橋へと向かう

梓川を右手に眺めながら、カラマツやハンの木、シラカバの原生林の中を抜けると河童橋に出る。上高地の中心地だけに、大勢の観光客で賑わっている。周辺にはホテルや食事処が集まっているので、ランチを食べて小休止しよう。

晴れていれば梓川と河童橋と穂高連峰の絵はがきのような写真が撮れる

PM2:30

河童橋からさらに山へと向かって歩く

河童橋から明神池に続く明神自然探勝道を歩こう。梓川を右に見て、明神池まで約１時間。明神池はふたつの池からなり、神秘的な雰囲気をまとっている。入口に穂高神社奥宮があり、一帯は穂高神社奥宮の神域なので、湖畔に行くには拝観料が必要。

木々に囲まれた明神池

PM3:30

明神橋を渡って河童橋に戻る

梓川を明神橋で渡り、川沿いに戻る。振り返ると明神岳や、次第に穂高連峰全体が見えてくる。小梨平キャンプ場を過ぎると上高地ビジターセンターがあるので、立ち寄って上高地の自然を学ぼう。ここから徒歩５分で河童橋、さらに５分ほどで上高地バスターミナルに着く。

上高地バスターミナルの隣にある上高地観光センター

＋1 Day

上高地のさらに奥へ

前日に上高地や周辺に宿泊するなどして早めに出発すれば、さらに先の徳沢や横尾までトレッキングができる。明神池から徳沢まで所要約１時間、徳沢から横尾までさらに１時間 10 分ほど。上高地の奥座敷と呼ばれる徳沢周辺にはニリンソウの群生地があり、キャンプ場付近からは前穂高岳が大きく見える。横尾山荘のある横尾からは、大岩壁の屏風岩の迫力のある山岳風景が楽しめる。

徳沢から見た前穂高岳

夜明けの棚田。200を超える小さな田んぼが斜面に広がり、水鏡がドラマチックに輝きます。

21

朝もやに浮かび上がる田んぼの水鏡

星峠の棚田《ほしとうげのたなだ》

新潟県／十日町市

あぜに残った雪が生み出す幾何学模様。塩田のようにも見えます。

1 星峠は日本でも有数の豪雪地帯で、平均積雪量は4mを超える。 2 棚田一面に緑が広がるのは6月下旬〜8月にかけて。 3 星峠の北東、約4.5kmの蒲生（かもう）地区にある蒲生の棚田。星峠と並び、良質なコシヒカリの産地として名高い。 4 朝霧が立ち込める風景は2009年の大河ドラマ『天地人』のオープニングにも使用された。

朝日に水田が赤く染まる一瞬のシャッターチャンスを求めて、多くのカメラマンが集まります。

http://www.tokamachishikankou.jp

Travel Plan 21

星峠の棚田《ほしとうげのたなだ》

新潟県／十日町市

旅の目安

アメージング度

難度

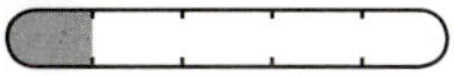

予算

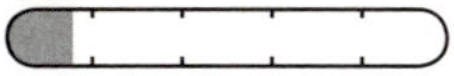

2万～
（大人1人当たりの予算）

「にほんの里100選」郷愁を誘う棚田の風景

新潟県十日町市（旧東《ひがし》頸《くび》城《き》郡《ぐん》松代町）の西部に位置する松代地域は、朝晩の寒暖差が激しく、栄養素の豊富な湧き水に恵まれていることから、質のいい米が育つ。ここで作られた米は、魚沼産コシヒカリとして全国に出荷されている。星峠集落の棚田は、階段状に連なった田んぼが見渡す限り広がり、水が張られると水鏡となって空を映し出す。棚田はそれぞれが小さなダムの役割をしており、地滑りが起こりにくくなるという利点を持つ。しかし、あぜに生える雑草の刈り取りや、農作業に大型機械を使用できないなど、通常の水田と比べ管理・保全に多大な労力が必要となるため、年々減少している。

アクセス

JR 越後湯沢駅から北越急行ほくほく線で約 1 時間、まつだい駅下車後、車で約 20 分。関越自動車道・六日町 IC、または北陸自動車道・上越 IC から、それぞれ車で約 1 時間。

問い合わせ先

十日町市観光協会　☎ 025-757-3345

ベストシーズン

田んぼに水が張られた水鏡状態になるのは、雪解け後の 4 月から田植えが終わる 6 月にかけて。稲刈りが終わり、雪が降り積もるまでの 10 ～ 11 月中旬にかけても見られることがある。十日町市では 3 年に一度「大地の芸術祭」というイベントを開催。里山を舞台にさまざまなアート作品が展示される。次回は 2015 年に開催予定。

名物＆名産品

「へぎそば」はそばがひと口分ずつ盛られているのも特徴

つなぎに布海苔を使用した、「へぎそば」が有名。へぎと呼ばれる剥ぎ板で作られた四角い器に盛り付けられている。独特の食感が楽しめ、薬味にはワサビの代わりにカラシが添えられる場合もある。棚田で収穫された魚沼産コシヒカリや、その米で造られた地酒やどぶろくも名産品。

旅のワンポイント

周辺の棚田スポットをまとめた「棚田マップ」があると便利。駅や観光案内所で入手できるほか、観光協会のホームページからダウンロード可能。撮影ポイント周辺は、観光用の駐車場やトイレが整備されてはいるが、棚田は稲作に使用される地元農家の方の私有地。マナーを守り、ロープが張ってある場所や農地には立ち入らないこと。

22

「尾張名古屋は城でもつ」
金の鯱が天守閣から見守る

名古屋城《なごやじょう》

愛知県／名古屋市

姫路城、熊本城と並ぶ日本三名城。
名古屋市中心街にあり、天守閣の
鯱は遠くからでもわかります。

頭部が大きく遠くから眺めてもバランスのいい金の鯱。

1 天守閣を美しく飾る三角形の千鳥破風。一番下は唐破風。葵の紋が見られる。 2 金鯱は18金で造られていて北側が雄で高さ2.62m、重量1272kg、金量44.69kg。南側が雌で高さ2.579m、重量1215kg、金量43.39kg。天守閣の5階に実物大の金鯱が展示されている。 3 豪華絢爛な本丸御殿「表書院一之間」。開いている襖絵が「桜花雉子図」。松の絵がある奥は「表書院上段の間」。 4 大天守閣の見事な石組みは加藤清正によるもの。この石組み技術により大きな天守閣の建設が可能となった。高さは東側で12.5m、西側と北側は約20mもある。

http://www.nagoyajo.city.nagoya.jp

Travel Plan 22

名古屋城《なごやじょう》

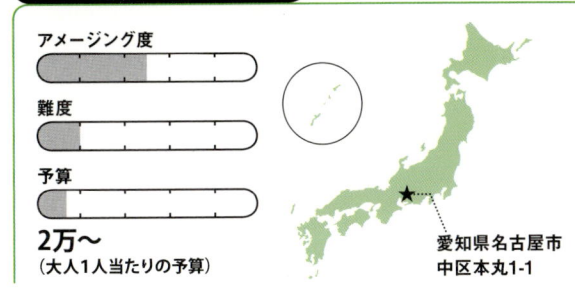

愛知県／名古屋市

旅の目安

アメージング度

難度

予算

2万～
（大人1人当たりの予算）

アクセス

JR 名古屋駅から地下鉄東山線で栄駅から名城線に乗り換え、市役所下車、徒歩 5 分。なごや観光ルートバス「メーグル」で名古屋駅から 19 分（月曜は運休、祝日の場合は翌日）。車は名古屋高速 1 号楠線・黒川出口から県道 102 号経由で約 8 分、名古屋高速都心環状線丸の内出口から国道 22 号などで約 5 分。

問い合わせ先

名古屋城総合事務所　☎ 052-231-1700

ベストシーズン

桜とライトアップ

四季を通して楽しめるが、ゆっくり観光するなら季候のいい春や秋がおすすめ。春は約 1000 本の桜が名古屋城を彩り、名古屋城春まつりが開催される。この時期は開園時間が延長され、桜と名古屋城のライトアップが美しい。

名物＆名産品

本場名古屋で味わいたい
「味噌煮込みうどん」

名古屋の名物グルメを挙げたらキリがないが、代表的なものとして、「味噌煮込みうどん」、「味噌カツ」、「きしめん」、「天むす」、「手羽先」、「エビフライ」など。おみやげは「八丁味噌」や「ういろう」、金鯱グッズなど。

旅のワンポイント

天守閣のライトアップが毎日日没～ 23 時（毎月 8 日は～ 21 時 30 分）まで行われている。名古屋駅のミッドランドスクエアのスカイプロムナードや、JR セントラルタワーズ「パノラマハウス」などから夜の町に浮かぶ名古屋城を見下ろすことができる。

本丸御殿が復元され よみがえった名城

慶長 14 年（1609）、家康の命で名古屋に新城が築かれることとなり、加藤清正や前田利光ら諸大名に工事場所が割り当てられた。天守閣や櫓などは慶長 17 年（1612）にほぼ完成し、慶長 20 年には本丸御殿も完成する。本丸御殿は武家風書院造であり、障壁画で飾られていた。第二次世界大戦時に建物の一部が焼失するも、1049 面の襖絵や天井板絵などは運び出され焼失を免れた。慶長大判で造られたとされる金の鯱も焼失してしまったが、1959 年に天守閣とともに再建された。本丸御殿は 2013 年 5 月に第一期公開として玄関や表書院などの公開がスタート。全体完成は 2019 年の予定だ。

23

江戸時代の風情が残る
中山道木曽路の宿場町

木曽路《きそじ》 妻籠宿《つまごしゅく》

長野県／南木曽町

妻籠宿の代表的な寺下の町並み。町並み保存運動により、歴史的な宿場町が今に残ったのです。

1

2

3

4

5

1 明治10年(1877)にそれまで禁制だったヒノキを使って建てられた脇本陣奥谷。格子から光のカーテンが差し込む。2 寺下の延命地蔵にある桜が春を告げる。3 宿場内は交通規制があるので、駐車場から路地を通って江戸時代にタイムスリップする。4 敵の侵入を阻むために道を直角に曲げた「枡形」から寺下方面の眺め。松代屋は宿泊できる旅館。5 中山道から城山に続く山道。6 妻籠宿の本陣や脇本陣が並ぶエリアは寺下の町並みと異なり、漆喰のうだつがあがる家が並ぶ。

6

Travel Plan 23

木曽路《きそじ》 妻籠宿《つまごじゅく》

長野県／南木曽町

江戸の暮らしを伝える木曽11宿のひとつ

江戸と京を結ぶ中山道のうち、木曽谷を通る街道沿いにある11の宿場町が「木曽11宿」と呼ばれ、妻籠宿もそのひとつ。木曽の豊かな自然に囲まれ、江戸時代には交通の要衝として栄えた。時代の流れとともに衰退の一途をたどったが、住民らの「売らない・貸さない・壊さない」の町並み保存運動により、昭和51年(1976)に最初の重要伝統的建造物群保存地区に選定される。かつての江戸方面から宿場に入ると、幕府が庶民に対し禁制や法度などを示した高札場、島崎藤村の母の生家である本陣、脇本陣奥谷などが続く。光徳寺に登る石段の枡形《ますがた》からの眺めが、妻籠宿を代表する風景となっている。

旅の目安

アメージング度

難度

予算

4万～
(大人1人当たりの予算)

アクセス

JR南木曽駅から馬籠・保神行きのバスで7分、妻籠下車。車の場合は中央自動車道・長野自動車道・塩尻ICから国道19・256号経由で約1時間30分、または中央自動車道・中津川ICから国道19・256号経由で約30分。

問い合わせ先

妻籠観光協会 観光案内所　☎0264-57-3123

ベストシーズン

四季折々の風情があり通年楽しめる。脇本陣奥谷の格子の斜光は秋の彼岸から春の彼岸にかけてで、1～2月がきれいに見える。新緑や秋の紅葉も美しい。毎年11月23日には「文化文政風俗絵巻之行列」が行われ、武士や浪人、飛脚などに扮した100名以上の人々が宿場を練り歩く。

文化文政時代の宿場町を歩いた旅人を再現した「文化文政風俗絵巻之行列」

名物＆名産品

ほんのり甘いタレが特徴の「五平餅」

御幣に似ていることから名前が付いたという「五平餅」が名物。ご飯をつぶして小判型や団子状にまとめて串に刺し、ゴマやクルミを使ったタレを塗って焼いたもの。木曽のヒノキやサワラ材を使った箸やまな板、ゲタ、木を曲げて造る「めんぱ」など伝統工芸品は多種多様なものがある。

旅のワンポイント

「夏でも寒いヨイヨイヨイ」と木曽節で唄われるように、朝晩は涼しくなる。夏でも羽織る物を持って行こう。宿場内は10～16時は歩行者専用で車は通行できない。周辺に3カ所ある乗用車専用駐車場を利用。

モデルルート

Day 1 木曽谷に点在する木曽 11 宿の宿場巡り

AM9:00

「奈良井千軒」と謳われた奈良井宿からスタート

木曽の宿場町は国道19号沿いに並んでいて、東京方面から行くと一番最初が贄川《にえかわ》宿、その次が奈良井宿となる。かつては「奈良井千軒」と謳われたほど、旅人で賑わっていたという奈良井宿は、鳥居峠の入口に1kmにわたって続く。ノスタルジックな町並みを散策しよう。

重要伝統的建造物群保存地区に選定されている

AM11:00

木曽義仲ゆかりの地と中山道の真ん中の福島宿

宮ノ越宿で木曽で旗揚げした義仲の資料館と、隣の福島宿で四大関所のひとつ、福島関所跡を見学。かつては参勤交代の行列や商人など、通行手形がないと通過できなかった場所だ。福島宿には飲食店も多く、木曽名物のそばなどを味わってみたい。

福島関所跡には資料館があり、270年間の歴史が綴られている

PM1:00

浦島太郎伝説が残る寝覚《ねざめ》の床へ

上松宿にあるのが木曽川の花崗岩が浸食されてできた奇岩の景勝地「寝覚の床」だ。花崗岩の白色とエメラルドグリーンの川が美しい。浦島太郎が竜宮城から戻ってきて玉手箱を開けた場所とされ、夢から覚めた「寝覚」の岩「床」が名前の由来とされる。

岩の上を歩いて断崖と川を眺められる

PM2:30

明治の文豪や歌人が訪れた須原宿

須原宿には幸田露伴の文学碑や、正岡子規の歌碑がある。湧水を溜める丸太をくりぬいた水舟の向かいが脇本陣跡で、隣は造り酒屋。大和家の「桜の花漬」は江戸時代からの名物。お湯に入れると花が咲く。

暑い夏に涼しげな水舟と「桜の花漬」

PM4:00

妻籠宿で宿泊して旅籠気分を味わう

妻籠宿の旅館に宿泊。妻籠には約10軒の宿があり、くぐり戸や格子戸、囲炉裏に自在鉤など昔ながらの風情を残す民宿もある。人通りが少なくなった夕暮れの寺下は、行燈が灯り江戸時代の雰囲気に。

宿場の行燈は暗くなると自動で点灯する

+1 Day

妻籠から中山道を歩いて馬籠へ

妻籠から馬籠《まごめ》までかつての街道を歩くハイキングコース。馬籠峠を越えて 2 里 (8km) を歩き、馬籠宿からバスで戻る。記念に各観光案内所にて、ヒノキの薄板でできたハガキサイズの完歩証明書を発行してくれる。妻籠・馬籠のどちらかに宿泊していれば 100 円、日帰りは 200 円。馬籠では藤村記念館や馬籠脇本陣史料館などを見学したい。

木曽11宿の南の端にある馬籠宿には復元された昔の町並みが続く

24

日本一の高さを誇るダムと霊峰立山を貫く観光ルート

黒部《くろべ》ダムとアルペンルート

富山県／立山町・長野県／大町市

日本一の高さ 186m のアーチ式コンクリートダム。ダム堰堤や展望台から迫力の放水が眺められます。

1

雄山(3003m)、大汝山(3015m)、富士
ノ折立(2999m)の3つの峰からなる
立山連峰は日本三霊山のひとつ。

2

1 黒部平と大観峰の標高差488mを7分で結ぶ立山ロープウェイ。大観峰からは眼下に黒部湖と後立山連峰が望める。 2 室堂を代表する美しい景観のみくりが池。 3 立山の紅葉とみくりが池。 4 特別天然記念物のライチョウ。羽色は、夏は褐色、冬になると真っ白になる。写真は生え替わる途中。 5 室堂からバスで1〜2分の大谷は、4月中旬〜6月下旬の「雪の大谷」が有名。 6 約500mにわたって続く「雪の大谷」。雪上ウォーキングもできる。

3

黒部ダムとアルペンルート《くろべダムとアルペンルート》

4

5

6

雪の多い年は 20m もの雪壁となり、断面からその年の雪の状態を知ることができます。

Travel Plan

24

黒部ダムとアルペンルート《くろべダムとアルペンルート》

富山県／立山町
長野県／大町市

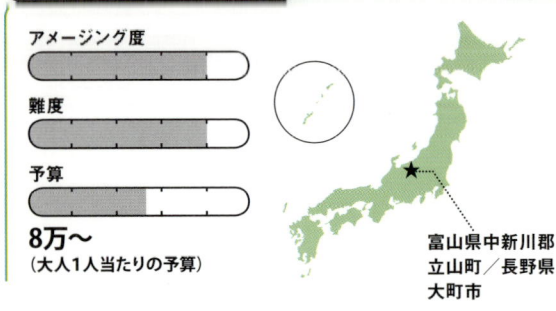

17年の歳月をかけて開通した山岳ルート

富山県立山町と長野県大町市とをつなぐ立山黒部アルペンルート。電車、ケーブルカー、バス、トロリーバス、ロープウェイと乗り継いで横断できる。ハイライトは黒部ダムと、最高地点で標高2450mの室堂。黒部ダムはルート上で唯一、徒歩での移動区間で、堰堤を歩いてスケールの大きさを実感できる。室堂は3000m級の立山連峰に囲まれた山上の楽園だ。この道路建設は、戦後の観光開発と、エネルギー不足解消の水力発電を目的にはじまった。昭和29年に立山ケーブルカーが開通したのを皮切りに、昭和31年から7年かけて黒部ダムが建設され、昭和46年に全線開通となった。

旅の目安

アメージング度

難度

予算

8万〜
（大人1人当たりの予算）

アクセス

扇沢へ、JR信濃大町駅から路線バスで40分。車は中央自動車道・岡谷JCTから長野道へ入り約20分の安曇野ICから約1時間。立山駅へは電鉄富山駅から富山地方鉄道で約1時間。車は北陸自動車道・立山ICから約40分。

問い合わせ先

立山黒部アルペンルート　☎076-432-2819
くろよん総合予約センター　☎0261-22-0804

ベストシーズン

立山黒部アルペンルートは12月1日〜4月15日の間は冬期休業。全線開通に合わせて開催される「雪の大谷ウォーク」は4月中旬〜6月下旬にかけて。黒部ダムの放水は毎年6月26日〜10月15日。短い夏は雪解け水をたたえた池や、残雪の残る山々の眺めが素晴らしい。紅葉は標高により、室堂では9月中旬、黒部ダムは10月中旬。

名物＆名産品

ライスが堰堤になった「黒部ダムカレー」

各駅それぞれに名物がある。みやげは、扇沢や黒部ダム駅の「黒部氷筍水 名水くず餅」、大観峰の「にごり酒 大観峰」、アーモンドをミルクパウダーで包んだ「立山 星の雫」、立山や美女平の「立山遊記 水まんじゅう」など。黒部ダムのレストハウスには、ダムをモチーフにした「黒部ダムカレー」がある。

旅のワンポイント

乗り物での移動が中心だが、歩きやすい靴を履き、夏は帽子や日焼け止め、雨具を持参しよう。室堂や弥陀ヶ原には6月下旬まで雪があるので、トレッキングをするならそれなりの装備が必要。黒部ダムでも標高約1500mあり、11月には積雪がある。防水性のある靴と暖かい服を忘れずに。

モデルルート

Day 1　乗り物を乗り継ぎ黒部ダムから室堂へ

AM8:00

標高1500mの展望台から黒部ダムを一望

信濃大町駅から路線バスで扇沢へ。扇沢から関電トンネルトロリーバスで黒部ダム駅まで約6.1kmを16分で移動。電気で走る無公害車で急勾配を上っていく。黒部ダム駅に着いたらダム展望台やくろよん記念室を見学して、徒歩15分の黒部湖駅へ。「遊覧船ガルベ」に乗って黒部湖での30分のクルーズを楽しむ。

黒部湖クルーズでは、立山連峰や針ノ木岳、赤牛岳が間近に迫る

AM11:10

さらに高みを目指し立山連峰の懐へ

クルーズの後は、日本で唯一の全線地下式のケーブルカーで標高差400mを上って黒部平へ。標高1828mの黒部平には黒部平庭園と高山植物観察園がある。次は立山ロープウェイでさらに標高差500mを7分で移動する。

窓に広がる景色を楽しみながら大観峰へ

AM12:00

雄大な眺めの中でランチタイム

断崖絶壁にせり出すように建つ大観峰駅で眺めを満喫したら、標高2450mの日本最高所を走る立山トンネルトロリーバスで室堂へ。室堂ターミナルにはレストランやショップがある。ランチを食べて休憩したら、室堂の宿にチェックイン。荷物を置いてハイキングに出かけよう。

室堂ターミナルから室堂平へ。5軒ほどの宿がある

PM1:00

室堂山展望台へハイキングを楽しむ

展望台までは室堂ターミナルから登り約1時間30分、下り約1時間の往復ルート。ターミナルに戻ったら立山自然保護センターを見学。パノラマ模型やライチョウなどの写真、映像展示などがある。

室堂山展望台からの立山カルデラ

Day 2　みくりが池を1周して美女平から立山へ下る

AM9:00

室堂のハイライトみくりが池コース

起伏の少ない遊歩道を歩いて、所要約1時間のコース。日本最古の山小屋、立山室堂山荘や立山玉殿の湧水、みくりが池、みどりが池、血の池を回る。

緑の草地に鉄分を含んだ赤色の池が点在する「血の池」

AM11:20

雪の大谷を走る高原バスで下山

室堂から美女平まで標高差1500mを走る高原バスから車窓の風景を楽しみ、途中、弥陀ヶ原で下車。立山カルデラ展望台コース（所要約40分）を歩いて、次のバスで美女平へ。美女平からは立山ケーブルカーでアルペンルートの終着点、立山駅へ行き、富山地方鉄道で電鉄富山駅へと向かおう。

立山杉やブナが立ち並ぶ美女平

＋1 Day

温泉とトロッコ電車で黒部峡谷を満喫

立山駅から富山地方電鉄、寺田駅経由で宇奈月温泉まで約1時間20分。翌日は黒部峡谷トロッコ電車に乗り、約1時間15分で欅平《けやきだいら》駅へ。欅平には人喰岩や河原展望台などの見どころがあり、散策が楽しめる。

狭い峡谷を走るトロッコ電車

標高 790m に位置し、岩肌をなめるように流れ落ちる姥ヶ滝。日本の滝 100 選のひとつです。

25

日本三名山・白山の懐で育まれた自然美

姥ヶ滝《うばがたき》と手取峡谷《てどりきょうこく》

石川県／白山市

高さ20～30mの断崖に挟まれて川が流れる。手取川の中流、手取峡谷の不老橋下流の眺め。

Travel Plan 25

姥ヶ滝《うばがたき》と手取峡谷《てどりきょうこく》

石川県／白山市

旅の目安

アメージング度
難度
予算

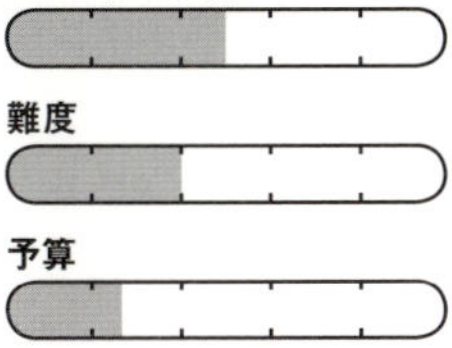

4万～
（大人1人当たりの予算）

白山の山麓に広がる豊かな自然の造形美

石川県と岐阜県にまたがる白山連峰は、古い地形と噴火による起伏に富んだ地層を持ち、白山市全域が白山手取川ジオパークに認定されている。落差76m、幅100mの、流れ落ちる滝が老婆の白髪に見えることからその名が付いた姥ヶ滝、北陸随一の絶景ロードと称される白山スーパー林道など、多くの見どころが点在。なかでもとりわけ絶景なのが、手取川の流れによって浸食・形成された手取峡谷だ。釜清水町から河原山町にかけて、約8kmにわたって深い谷が続いており、ぼこぼことした独特の岩肌に生い茂った木々が彩りを添え、季節ごとに異なる景観を楽しめる。

アクセス

白山周辺観光の拠点となるのはJR松任駅、JR金沢駅、北陸鉄道鶴来駅。手取峡谷までは、北鉄鶴来駅からバスで約20分、黄門橋下車、徒歩2分。北陸自動車道・白山ICから車で約40分。姥ヶ滝へは、白山スーパー林道を経由して約1時間20分。

問い合わせ先

白山市観光連盟　☎ 076-259-5893

ベストシーズン

スーパー林道の紅葉も美しい

手取峡谷は紅葉の名所として知られており、10月下旬～11月中旬が見頃。7～8月にはラフトボートに乗って手取川を下る「川下り体験」もできる。白山スーパー林道は11月中旬～6月上旬まで、積雪により通行止め。それに伴い、姥ヶ滝の見学もできない。

名物＆名産品

あく抜きした栃の実で作る「とち餅」

古くから栃の木が多く自生していた白山市白峰地方。栃の実ともち米を主原料に作られた「とち餅」は、ほんのり苦みが効いた素朴な味わい。そのまま砂糖をつけて食べるか、餡をつけて食べる。扱う店は白峰地区に数軒ある。

旅のワンポイント

白山市観光連盟による「白山感得プログラム」には、周辺の見どころを巡るジオツアーや、パラグライダー体験など、参加体験型のさまざまなプログラムがある。ホームページをチェックしてみよう。

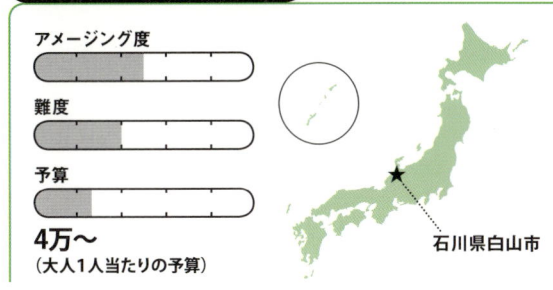

町内ごとの揃いの浴衣と、冠婚葬祭用の黒帯に、昔は手ぬぐいで顔を隠したことに由来する編笠。

26

八尾の町を優雅に舞う
哀愁帯びた踊り子群

おわら風の盆《おわらかぜのぼん》

富山県／富山市

1

2

1行燈が並ぶ諏訪町の坂を町流し。唄い手と、三味線や胡弓、太鼓と囃子の「地方」、踊りが相まってひとつになる、300年以上続くまつり。2昔は身分が分からないよう踊っていた名残で、笠を深くかぶる。3風を避け、豊作を願ってはじまった行事。4町流しで踊られる「豊年踊り（旧踊り）」、おもにステージなどで披露される「男踊り」「女踊り」がある。

「八尾よいとこおわらの本場♪」

3

4

http://www.yatsuo.net/kankou/

Travel Plan 26

おわら風の盆《おわらかぜのぼん》

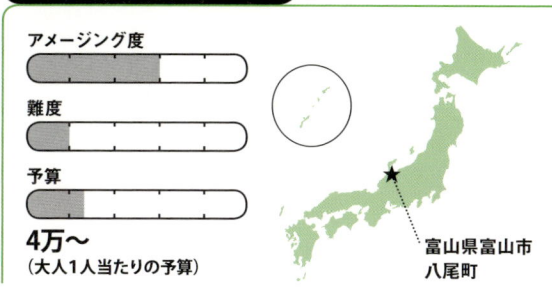

富山県／富山市

二百十日に行われる風封じ 3日間の唄と踊りの風の盆

街道の拠点として栄えた八尾町の旧町は、山の斜面に石を積み上げてできた町並み。毎年9月に開催される「おわら風の盆」の舞台となる。元禄15年(1702)に町民が、町の開祖の米屋から加賀藩「町建御墨付」の許可書を取り返したことを祝い、歌い踊りながら3日間町を練り歩いた。これに、立山連峰から日本海側にかけて強い風が吹くこの土地で、大風による農業被害を避けるために行われていた風よけの祈願が組み合わさり、現在に続く「おわら風の盆」になったという。駅周辺と南北に約3km続く11地区それぞれで、町の中心を練り歩く町流しがある。唄い手と地方《じかた》、踊りの優美な競演だ。

旅の目安

アメージング度

難度

予算

4万〜
(大人1人当たりの予算)

アクセス

JR富山駅から高山本線で約25分、JR越中八尾駅下車。旧町地区へは徒歩30〜40分。車は北陸自動車道・富山ICから国道41号などを経由して約25分。

問い合わせ先

越中八尾観光協会　☎076-454-5138

ベストシーズン

「おわら風の盆」は9月1〜3日、前夜祭の開催期間は8月20〜30日。前夜祭期間中、舞台での踊りと、毎晩1地区ごとに輪踊りや町流しが行われる。八尾町内には9軒の宿泊施設があるが混雑が予想されるので、JR富山駅周辺に宿泊し、深夜まで運行されるJR高山本線の臨時便を利用するのがいい。雨天中止となるので注意。観光協会などで開催期間中のプログラムがわかるガイドマップを入手しよう。

名物&名産品

おわら玉天本舗の「おわら玉天」

雪解け水で漉く八尾和紙または越中和紙が有名。越中和紙は加工する和紙で、富山の薬売りが使うかばんに使用されていた。型染めした小物入れや名刺入れなどが販売されている。お菓子では「おわら玉天《たまてん》」があり、卵と砂糖、寒天で作った泡雪風の生地に卵黄を塗り、黄金色に焼き上げたもの。越中そばも有名でそば処も多い。

旅のワンポイント

「おわら風の盆」以外の楽しみは、日本の道100選の諏訪町本通りや、通りの両側を流れる水路「エンナカ」など風情のある町並み。毎月第2・4土曜は越中八尾観光会館ホールで、越中おわら風の盆ステージを鑑賞できる。

27

荒々しい柱状節理の上から
岩と海の絶景を眺める

東尋坊《とうじんぼう》

福井県／坂井市

輝石安山岩の柱状節理という世界でも珍しい奇岩なのだそう。高さは25mもあります。

夕日に照らされて立ちはだかる岩壁はより迫力が増して見えます。

1

1 岩壁が海岸に沿って約 1km 続く。北陸を代表する名勝でありながら、その高さから自殺の名所などと言われることも。 2 五角形、六角形の柱状の岩が集まった柱状節理。国の天然記念物および名勝に指定されている。

2

Travel Plan 27

東尋坊《とうじんぼう》

福井県／坂井市

遊歩道と海から眺めたい北陸きっての景勝地

かつて北前船の拠点として栄えた港町、三国。そそり立つ岩壁に日本海の荒波が打ち寄せる様は圧巻だ。平泉寺《へいせんじ》にいた東尋坊という名の僧が悪事を働き、崖から突き落とされたという伝承から名付けられた東尋坊は、約1300万年前に噴出した溶岩が冷えて固まった柱状節理が、海水により浸食された断崖。海岸沿いには約4kmの荒磯遊歩道が整備されており、岩肌を眺めながら散策できる。また、東尋坊観光遊覧船に乗れば、垂直にそそり立つ岩壁を海から見上げることも。東尋坊の先には周囲2kmほどの雄島《おしま》がある。橋を渡って行くことができ、同様に板状節理などの奇岩が見られる。

旅の目安

アメージング度

難度

予算

6万～
(大人1人当たりの予算)

アクセス

JR三国港駅から京福バスで約10分、東尋坊下車、徒歩5分。または JR 芦原温泉駅から京福バスで約40分、東尋坊下車。車は北陸自動車道・金津ICから約20分。JR三国港駅から、海岸沿いの景色を眺めながら東尋坊まで歩くのもおすすめ。所要35分ほど。

問い合わせ先

坂井市三国観光協会　☎ 0776-82-5515

ベストシーズン

年間を通して観光できる。日本海に沈む夕日を眺めるなら、日没の時間を確認してから行こう。11月中旬～2月下旬の寒さが厳しく波が高い日には、海中の植物性プランクトンが岩にぶつかって白い泡状になる「波の花」と呼ばれる現象が見られることも。波風が強いので防寒対策をしっかりして、滑りにくい靴を履いて行きたい。

名物＆名産品

三国近海で捕れるカニやアワビ、甘エビといった海産物のほか、坂井市のご当地グルメとして有名なのが「越前坂井辛み蕎麦」。そばつゆに大根おろしの搾り汁を合わせ、そばにかけて食べる。福井県産のそば粉を使用しており、注文時に辛さの度合いが調整できる。

大根おろしの辛みが効く「越前坂井辛み蕎麦」

旅のワンポイント

東尋坊観光遊覧船は1周30分ほどで、東尋坊特有の柱状節理の岩壁を眺めながらクルーズし、雄島の板状節理やハチの巣岩と呼ばれるスポット、さらに夫婦岩、岸壁直下の入り江の大池、ロウソク岩と巡る。東尋坊タワーからは、東尋坊や越前海岸が見渡せる。

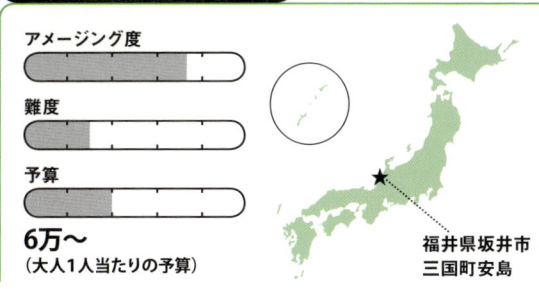

28

これぞ日本の風景
静岡県側からの富士絶景

富士《ふじ》の茶畑《ちゃばたけ》と桜《さくら》エビ

静岡県／富士市・静岡市

今宮の茶畑。茶摘み前の青々とした茶畑の畝と富士山の見事なコラボレーションが見られるのは春。

1

2

3

1 静岡市の駿河区と清水区にまたがる日本平からの茶畑と富士山。茶畑のほか、みかん畑や梅園などの風景も見られる。2『茶摘み』で唄われる八十八夜の前後、４月下旬～５月上旬にかけて収穫される。この新芽で作った茶葉が一番茶となる。3 手摘みには膨大な労力と時間がかかるため、機械やはさみを使用して刈るのが一般的。4 河川敷に敷かれた網の上、一面に敷き詰められた桜エビのピンクのじゅうたん。

4
水揚げされた桜エビは７時
頃から黒い網の上に振るい、
半日ほど天日干しされます。

http://www.fujisan-kkb.jp

Travel Plan 28

富士の茶畑と桜エビ《ふじのちゃばたけとさくらエビ》

静岡県／富士市・静岡市

旅の目安

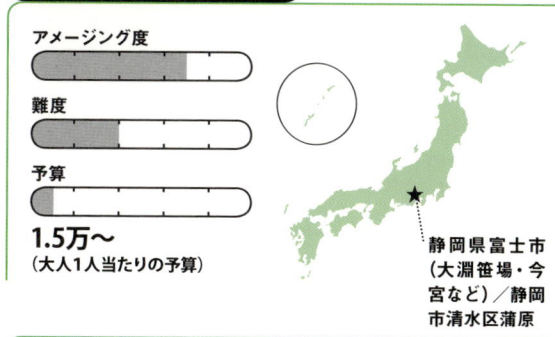

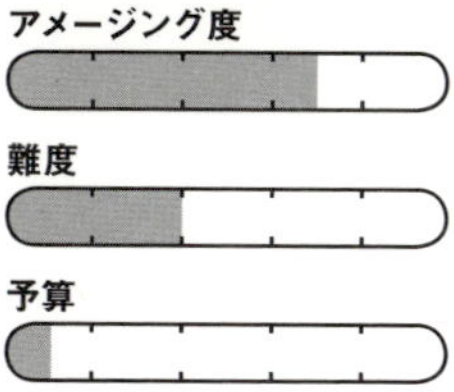

1.5万～
（大人1人当たりの予算）

アクセス

JR 東海道線吉原駅から大淵笹場へ車で約 40 分、今宮へ車で約 25 分。いずれも東名高速道路・富士 IC から車で 15 ～ 20 分。桜エビの天日干しが行われる富士川河川敷の西岸へは、JR 新蒲原《かんばら》駅から車で約 5 分。

問い合わせ先

富士山観光交流ビューロー　☎ 0545-64-3776
蒲原支所地域振興係　☎ 054-385-7730

富士山に見守られて生まれる伝統の味

富士山の南に位置する富士市は、「富士のやぶ北茶」で知られ、大淵笹場周辺や今宮周辺には広大な茶畑が広がっている。通常茶畑には霜を防ぐ防霜ファンが設置されている場合が多いのだが、この周辺の茶畑はそれがなく、電柱などの人工物も目立たないため、茶畑と富士山の撮影スポットとして人気が高い。若緑色の茶畑を見られるのは、新芽を摘み取る前のごくわずかな期間だ。もうひとつの富士山絶景は、静岡市の富士川下流に広がる河川敷。ここは駿河湾で捕れる桜エビの共同干し場となっており、運が良ければピンク色に染まる河川敷と、富士山の雄姿を見ることができる。

ベストシーズン

茶畑の見頃は、新芽の時期の 4 月下旬～ 5 月上旬。富士山が顔を見せるのは 8～10 時頃で、それを過ぎると雲に隠れてしまうことが多い。桜エビの天日干しは春と秋の限られた漁期の間。競り落とされた桜エビが干しエビに加工される場合のみなど、いくつかの条件が揃わないと行われないので、直前にならないと分からない。

名物＆名産品

サクサクで香ばしい桜エビのかき揚げ

国内で捕れる桜エビは 100％駿河湾産。体長 4～5cm ほどの身に、旨味と甘味が詰まっている。桜エビは鮮度が命なので、水揚げ後は急速冷凍、または釜揚げ加工されることがほとんど。地元の飲食店では桜エビのかき揚げや、特製のタレに漬け込んだ沖漬けなどで味わえる。

旅のワンポイント

県内外を問わず、多くのカメラマンが集まる今宮の茶畑。駐車スペースがなく、シーズン中は周辺の道路が混雑する。農作業の妨げにならないように注意し、私有地へは入らないなどマナーを守ろう。シーズン中は茶摘み体験ができる茶園もある。

29

富士山の伏流水が生んだ
8つの池と湖

忍野《おしの》八海《はっかい》と山中湖《やまなかこ》

山梨県／忍野村・山中湖村

茅葺き屋根の家と富士山の絶景が眺められる「榛の木林資料館」。江戸時代の民家内も見学できます。

積雪した富士山が赤く染まる「紅富士」が最も美しく見えるのは 12 ～ 3 月の厳冬期。

忍野八海《おしのはっかい》と山中湖《やまなかこ》

1

2

左頁：山中湖に映る「紅富士」。日の出直後の10～20分ほどしか見ることができない。 1 忍野八海の池巡りは2時間ほど。どの池も透明度が高く、泳ぐニジマスが空中に浮いているよう。 2 水深50cmほどの菖蒲池。ショウブが生い茂り彩りを添える。 3 1～2月の厳冬期には、忍野八海や周辺の川から発生した水蒸気が木に付いて凍る霧氷が見られることも。

3

氷点下の空気の中で花を咲かせる霧氷。青い空と白い富士山のコントラストが美しい。

http://www.oshino.jp・http://www.yamanakako.gr.jp

Travel Plan 29

世界遺産

忍野八海《おしのはっかい》と山中湖《やまなかこ》

山梨県／忍野村・山中湖村

旅の目安

アメージング度

難度

予算

1.5万～
(大人1人当たりの予算)

透き通った水に映る忍野村の自然と富士山

富士山の北東に位置する忍野村。かつてここには宇津湖と呼ばれる巨大な湖があったが、富士山の噴火により忍野湖と山中湖に分断される。火山活動期には忍野湖が干上がり、現在のような盆地型の地形が生まれた。その際に残ったいくつかの湧水池が忍野八海だ。古くから富士山信仰の「八海めぐり」の霊場となってきた。湧池、出口池、濁池、鏡池など8つの池からなるが、その他にも多くの人工池が存在する。山中湖は面積6.8km^{2}と富士五湖の中で最も大きな湖。山中湖を含む富士五湖、忍野八海、浅間神社などが2013年、世界文化遺産「富士山―信仰の対象と芸術の源泉」に登録された。

アクセス

JR大月駅から富士急行大月線で約50分、富士山駅下車後、路線バスで20分、忍野八海入口下車すぐ。JR新宿駅西口から高速バスで約2時間20分、忍野八海下車。車は中央自動車道・河口湖ICから約20分。富士山駅からバス「ふじっ湖号」が忍野入口(所要18分)経由で山中湖(所要40分)へ運行している。

問い合わせ先

忍野村観光協会　☎0555-84-4222
山中湖観光協会　☎0555-62-3100

ベストシーズン

観光シーズンは夏だが、「紅富士」が見られるのは11月～5月下旬の、富士山に冠雪がある時期のみ。晴れていれば見られる確率は高いが、真っ赤になることは少ない。春は桜や菜の花、秋は紅葉が楽しめる。毎年8月8日には忍野八海の守り神「八大竜王」を祀る「八海祭り」が行われる。

名物＆名産品

忍野村の名水で作られたそばや豆腐がおもな名物。忍野八海にはみやげ屋が軒を連ねており、忍野村のヨモギで作ったよもぎ餅やよもぎ団子が売られている。

旅のワンポイント

「花の都公園」のヒマワリと富士山

忍野村を流れる桂川の清流にはヤマメ、ニジマス、ウグイなど20種類以上の魚が生息しており、遊漁期間の3月中旬～9月下旬は釣りもできる。また、忍野村周辺には、東海自然歩道などのハイキングコースが整備されている。山中湖湖畔の「花の都公園」は花のじゅうたんと富士山が見られる絶景ポイント。

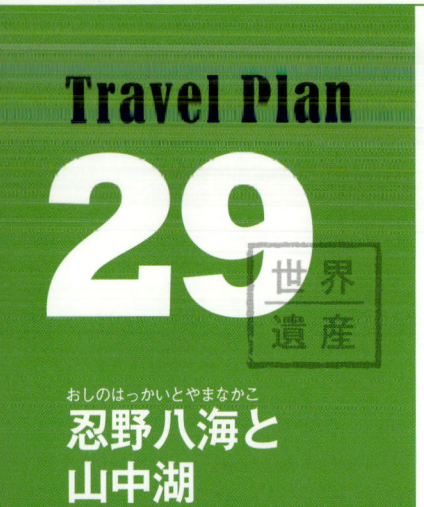

ココはどこ!?

AMAZING SPOT in JAPAN!

CONTENTS

ニッポンの四季を彩る花ごよみ	P.146	一日の最後を飾る夕日と夜景	P.162
カラフルな花のじゅうたん	P.148	激しさと美しさを競う滝	P.166
世にも不思議な自然現象	P.152	ユニークな天然アート奇岩	P.168
天高く昇る棚田	P.156	一度は見たいまつり	P.170
渡ってみたくなる橋	P.158	アメージングな地下空間洞窟	P.172

ニッポンの四季を彩る 花ごよみ

春夏秋冬それぞれ、季節の訪れを告げる花がある。限られた時間の中で、花たちは精一杯咲き誇り、美しい風景を見せてくれる。

30 吉野山《よしのやま》の桜《さくら》

奈良県・吉野郡吉野町

シロヤマザクラを中心に約200種3万本の桜が密集する吉野山。山の下から上へ、下・中・上・奥千本と呼ばれる順に開花し、山全体をピンク色に染める。例年の見頃は4月上旬〜下旬。

アクセス▶近鉄吉野駅から下千本まで徒歩15分。吉野山ケーブルも利用できる。一帯は3月下旬〜GW明けにかけて交通規制がある。問い合わせ▶吉野山観光協会☎0746-32-1007

31 北竜のひまわり《ほくりゅうのひまわり》

北海道／雨竜郡北竜町

約23haの広大な畑に150万本ものひまわりが咲く光景は圧巻。7月中旬～8月下旬には「北竜町ひまわりまつり」が開催され、「ひまわりの迷路」などさまざまなイベントが行われる。

アクセス▶新千歳空港から車で約2時間30分。まつり期間中はJR札幌駅からバスが運行予定（所要約2時間）。

問い合わせ▶ひまわり観光協会 ☎0164-34-2111

32 昭和記念公園のコスモス《しょうわきねんこうえんのコスモス》

東京都／立川市

総面積180haの国営公園。季節毎に異なる花が見頃を迎えるが、なかでも9月下旬～10月下旬に咲くコスモスが有名。ピンク、白、赤など、色とりどりのコスモスがあたり一面を彩る。

アクセス▶JR西立川駅から公園の西立川口に直結。またはJR立川駅から徒歩10分。

問い合わせ▶国営昭和記念公園事務所☎042-528-1751

33 灘黒岩水仙郷《なだくろいわすいせんきょう》

兵庫県／南あわじ市（淡路島）

諭鶴《ゆづる》羽《は》山《さん》から海に向かう斜面に自生する日本水仙。12月下旬～2月下旬にかけて500万本もの花が咲き、一帯を白く染める。展望台からはスイセンと瀬戸内海の眺めが広がる。

アクセス▶神戸淡路鳴門自動車道・淡路島南ICから車で約40分。

問い合わせ▶灘黒岩水仙郷 ☎0799-56-0721（開園期間中のみ）

カラフルな

花のじゅうたん

大地を覆うように広がる色とりどりの花が、風に揺られながら芳香を放つ。おとぎの世界に迷い込んだような、幻想的な世界。

34 小湊鐵道《こみなとてつどう》と菜の花《なのはな》

千葉県／市原市

小湊鐵道の養老渓谷～上総大久保駅周辺は菜の花の群生地。3月下旬～5月上旬には線路の両脇に菜の花が咲き乱れ、鮮やかな黄色の中をレトロな車体の列車が走る、のどかな光景を楽しめる。

アクセス▶養老渓谷駅から徒歩20分。電車の運行は1～2時間に1本ほど。

問い合わせ▶市原市観光協会
☎0436-22-8355

35 舟川のチューリップ《ふながわのチューリップ》

富山県／下新川郡朝日町

舟川の両岸に咲く桜の見頃に合わせて開花するよう、地元農家の人により植えられたチューリップ。天気のいい日には、悠々とそびえる白馬岳と朝日岳を背景に2種類の満開の花を眺められる。

アクセス▶JR泊駅からバスで約15分、舟川桜並木下車すぐ。平日のみの運行。

問い合わせ▶朝日町観光協会

☎0765-83-2280

36 生駒高原のカリフォルニアポピー《いこまこうげんのカリフォルニアポピー》

宮崎県／小林市

霧島山系の中腹に広がる生駒高原。観光農園として整備されており、季節の花々が約16haの敷地を華麗に彩る。カリフォルニアポピーの見頃は4月下旬〜5月中旬。

アクセス▶JR小林駅から車で約15分。

問い合わせ▶花の駅生駒高原

☎0984-27-1919

37 ダイナランドのユリ《ダイナランドのユリ》

岐阜県／郡上市

西日本最大級の規模を誇るスキー場、ダイナランド。7月中旬～8月下旬には、360万輪を超えるユリの花がゲレンデの斜面を埋め尽くす。フラワーリフトが運行され、空中散歩を楽しむことも。

アクセス▶東海北陸自動車道・高鷲ICから車で約10分。

問い合わせ▶ダイナランドゆり園
☎0575-72-6636

38 羊山公園《ひつじやまこうえん》

埼玉県／秩父市

秩父の市街地を見下ろす羊山公園に、4月中旬～5月上旬にかけて約40万株の芝桜が咲き誇る。9種類の芝桜が織りなすパッチワーク模様は、秩父夜祭で囃し手が着る襦袢の柄がモチーフ。

アクセス▶西武鉄道西武秩父駅から徒歩20分。開花期間中交通規制あり。

問い合わせ▶秩父市観光課
☎0494-25-5209

世にも不思議な

自然現象

季節や天気、地形など、さまざまな条件が揃ったときにだけ現れる、ドラマチックな自然現象。貴重な一瞬を見逃さないよう。

39 雲海テラス《うんかいテラス》

北海道／占冠村トマム

標高1088mに位置する雲海テラス。放射冷却により冷やされた空気中の水分が霧となり、雲の海のように見える雲海は、初夏から秋にかけての早朝に見られる確率が高い。

アクセス▶JRトマム駅から車で約5分、リゾートセンターゴンドラ乗り場よりゴンドラ利用。
問い合わせ▶星野リゾート／トマム／代表☎0167-58-1111

ココはどこ!?

AMAZING SPOT in JAPAN !

40 白金《しろがね》 青い池《あおいいけ》

北海道／上川郡美瑛町

火山災害を防ぐために造られた堰堤に溜まった美瑛川の水に含まれる微粒子が、太陽光を散乱することで美しいブルーに見える。立ち枯れた木々がより印象的な風景を演出。

アクセス▶JR美瑛駅から車で約20分。またはバスで約30分、白金青い池入口下車、徒歩3分。積雪時は見学不可。

問い合わせ▶美瑛町観光協会

☎0166-92-4378

41 だるま夕日《だるまゆうひ》

高知県／宿毛市《すくもし》

海面と大気の温度差によって光の屈折が発生し、沈みかけた夕日がだるま型に見える現象。11月中旬～2月中旬の冷え込みが厳しく、晴れた日の日没時に見られるが、1年に10回程度だ。

アクセス▶見られる場所は大島、土佐くろしお鉄道宿毛駅から車で5～10分の道の駅すくもサニーサイドパークなど。

問い合わせ▶宿毛市商工観光課

☎0880-63-1119

42 ダイヤモンド富士《ダイヤモンドふじ》

静岡県／富士宮市

富士山の山頂に朝日が重なる瞬間、宝石の輝きのように見えることからこう呼ばれている。富士宮市の田貫湖では、4月20日前後と8月20日前後に湖面に富十山が映るダブルダイヤモンド富士が見られる。

アクセス▶JR富士宮駅からバスで約45分、田貫湖キャンプ場下車すぐ。

問い合わせ▶富士宮市観光課
☎0544-22-1155

43 諏訪湖の御神渡り《すわこのおみわたり》

長野県／諏訪市

凍結した諏訪湖の湖面が気温の上下によって膨張・縮小を繰り返し、湖面の氷が山脈のように盛り上がる現象。いくつかの条件が揃わないと現れず、全く見られない年もある。

アクセス▶JR上諏訪駅から徒歩35分。または車で約10分。

問い合わせ▶諏訪市観光課
☎0266-52-4141

天高く昇る
棚田

山や谷の斜面に沿って造られた、階段状の田んぼや畑。どこか懐かしい日本の原風景の先に、その地に暮らす人々の生活が見えてくる。

44

星野村の棚田《ほしのむらのたなだ》

福岡県／八女市

広内・上原地区に造られた石積みの棚田。狭く細長い造りが特徴的で、狭いところは幅1mにも満たない。秋になるとあぜに彼岸花が咲き、黄金色に実った稲穂との対比が美しい。

アクセス▶JR羽犬塚《はいぬづか》駅から車で約1時間10分。

問い合わせ▶星のふるさと

☎0943-31-5588

45 輪島の白米千枚田《わじまのしろよねせんまいだ》

石川県／輪島市

日本海に面した総面積約4ha、高低差約56mの急斜面に1000を超える田んぼが連なる。冬期には太陽光発電LEDを使用したイルミネーションイベント、「あぜのきらめき」を開催。

アクセス▶道の駅輪島からバスで約20分、白米下車すぐ。「あぜのきらめき」期間中は増便。
問い合わせ▶輪島市観光課
☎0768-23-1146

46 遊子水荷浦の段畑《ゆすみずがうらのだんばた》

愛媛県／宇和島市

三浦半島の北岸、宇和海を望む石垣造りの段畑。幅・高さ1mほどの石垣が急斜面の頂上まで続く。段畑ではおもに馬鈴薯（ジャガイモ）が栽培されており、毎年4月下旬に収穫を迎える。

アクセス▶JR宇和島駅から車で約40分。
問い合わせ▶宇和島市観光協会
☎0895-22-3934

47 浜野浦の棚田《はまのうらのたなだ》

佐賀県／東松浦郡玄海町

海から駆け上がる階段のように、大小283枚の田んぼが連なる棚田。展望台からは浜野浦と棚田を一望でき、4月下旬～5月中旬にかけては沈みかけた夕日が棚田と海面を赤く染める。

アクセス▶JR唐津駅から車で約30分。
問い合わせ▶唐津観光協会玄海支所☎0955-51-3007

渡ってみたくなる

橋

海や川、谷を渡るために造られたものから、独自の役割を持つ橋まで。日本全国に点在する、好奇心を刺激する橋の数々。

48

角島大橋《つのしまおおはし》

山口県／下関市

コバルトブルーの海に浮かぶ、本土の下関と角島とを結ぶ全長1780mの橋。北長門海岸国定公園内にあるため、周囲の景観に配慮した高さを抑えた造りとなっている。

アクセス▶JR特牛《こっとい》駅からバスで約15分、ホテル西長門リゾート入口下車、徒歩3分。

問い合わせ▶豊北町観光協会（道の駅北浦街道豊北内）

☎083-786-0234

49

江島大橋《えしまおおはし》

鳥取県／境港市・島根県／松江市

2004年に開通した全長1446.2m、最高部は水面から44.7mの橋。車のCMに使われたことから一躍有名になり、その急勾配から「(アクセル) ベタ踏み坂」とも呼ばれている。

アクセス▶JR松江駅から車で約40分、またはJR境港駅から車で約10分

問い合わせ▶境港管理組合
☎0859-42-3705

50 九重“夢”大吊橋《ここのえ“ゆめ”おおつりはし》

大分県／玖珠郡九重町

全長390m、高さ173mと、日本一の長さと高さを誇る歩行者専用の橋。大人1800人分の重さに耐えられる強度を持ち、橋からは鳴子川渓谷と震動の滝の景観を望むことができる。

アクセス▶大分自動車道・九重ICから車で約25分。またはJR豊後中村駅から路線バスで22分、大吊橋中村口下車すぐ。

問い合わせ▶九重“夢”大吊橋観光案内所☎0973-73-3800

51 祖谷のかずら橋《いやのかずらばし》

徳島県／三好市

シラクチカズラと呼ばれるつる性の植物で造られた、長さ45mの吊り橋。日本三奇橋のひとつ。3年に一度、橋の架け替えが行われる。毎晩19～21時にかけて橋がライトアップされる。

アクセス▶JR大歩危《おおほけ》駅からバスで約20分、かずら橋下車、徒歩5分。

問い合わせ▶三好市観光案内所☎0120-404-344

52 通潤橋《つうじゅんきょう》

熊本県／上益城郡山都町

水不足を緩和するため、江戸時代に建設された石造りのアーチ橋。橋の上部には3本の通水管が通っており、定期的に放水が行われる。放水のスケジュールは要確認。

アクセス▶熊本空港から九州自動車道・御船ICまたは松橋IC経由で約1時間15分。

問い合わせ▶通潤橋資料館　☎0967-72-1933

53 古宇利大橋《こうりおおはし》

沖縄県／国頭郡今帰仁村

沖縄本島の名護市屋我地島と、古宇利島を結ぶ全長1960mの橋。2005年に開通し、車で行ける離島となった。エメラルドグリーンの海の上を走る、気持ちのいいドライブコースだ。

アクセス▶那覇空港から車で約1時間30分。

問い合わせ▶今帰仁村商工観光係　☎0980-56-2256

一日の最後を飾る

夕日と夜景

時間の流れとともに、景色はめまぐるしく姿を変える。陽が沈むにつれて街には明かりが灯り、やがて宝石箱のような夜景が広がる。

54 函館山夜景《はこだてやまやけい》

北海道／函館市

標高334mの函館山山頂展望台から望む、函館の街並み。空気が澄む冬の夜景が最も美しく、特にクリスマスシーズンは街全体が華やかなイルミネーションに彩られ、よりロマンチックに。

アクセス▶函館駅前から市電で約5分、電停十字街下車、函館山ロープウェイ山麓駅まで徒歩7分。山頂まではロープウェイで約3分。

問い合わせ▶函館山ロープウェイ☎0138-23-3105

55 長崎の夜景《ながさきのやけい》

長崎県／長崎市

世界新三大夜景のひとつに選ばれている、長崎の夜景。代表的なのは稲佐山からの夜景だが、海を挟んで反対側に位置する鍋《なべ》冠山《やま》公園からの眺めも美しく、長崎港を一望できる。

アクセス▶鍋冠山公園へはJR長崎駅からバスで約25分、二本松団地下車、徒歩15分。
問い合わせ▶長崎市コールセンターあじさいコール
☎095-822-8888

56 東京夜景《とうきょうやけい》

東京都　新宿区

東京都庁の第一本庁舎45階にある展望室。南北ふたつの展望室に分かれており、それぞれ地上202mの高さから、高層ビルが建ち並ぶ東京の大パノラマを堪能できる。

アクセス▶JR新宿駅から徒歩10分。展望室へは第一本庁舎1階より専用エレベーターを使用。
問い合わせ▶東京都庁展望室
☎03-5320-7890

57 摩耶山からの夜景《まやさんからのやけい》

兵庫県／神戸市

日本三大夜景のひとつに数えられる摩耶山からの夜景。標高約700mに位置する山頂展望台・掬星台から望む神戸の街並みは、1000万ドルのきらめきと称されるほど。

アクセス▶JR三宮駅前からバスで約20分、摩耶ケーブル下下車。ケーブル・ロープウェイで山頂まで約10分。**問い合わせ▶**神戸国際観光コンベンション協会
☎078-303-1010

58 宍道湖の夕日《しんじこのゆうひ》

島根県／松江市

国内7番目の大きさを誇る宍道湖。淡水と海水が混ざり合う湖は、日本有数のシジミ生産地であるとともに、夕日の名勝地として知られている。湖上に浮かぶのは宍道湖唯一の島、嫁ヶ島。

アクセス▶JR松江駅から徒歩15分。

問い合わせ▶松江観光協会

☎0852-27-5843

激しさと美しさを競う 滝

生い茂る木々の間を、ごうごうと音を立てながら流れ落ちる滝。その力強さと雄大さに、大自然のエネルギーが感じられる。

59

袋田の滝《ふくろだのたき》

茨城県／久慈郡大子町

4段になって流れ落ちる高さ120m、幅73mの滝。四季折々の景観が楽しめ、観瀑台からは滝の全景を望むことができる。11月上旬～2月中旬にかけてはカラフルなライトアップも。

アクセス▶JR袋田駅からバスで約10分、滝本下車、徒歩10分。

問い合わせ▶大子町観光協会

☎0295-72-0285

60 吹割の滝《ふきわれのたき》

群馬県　沼田市

片品川により河床が削られ、その様子が巨大な岩を吹き割ったように見えることから名が付いた。高さ7m、幅30mにわたり、轟音を立てて流れ落ちる滝を間近で見ることができる。

アクセス▶JR沼田駅からバスで約45分、吹割の滝下車、徒歩10分。

問い合わせ▶利根町振興局産業建設課☎0278-56-2111

61 称名滝とハンノキ滝《しょうみょうだきとハンノキたき》

富山県　中新川郡立山町

落差約350mの日本最大級の称名滝（左）。立山連峰の雪解け水を水源とする瀑布で、岩に沿って4段になって流れ落ちる。水量の増す春先にはハンノキ滝（右）が現れる。

アクセス▶富山地方鉄道立山駅からバスで約20分、称名滝下車、徒歩30分。バスの運行は4月下旬～11月上旬。問い合わせ▶立山駅総合案内センター☎076-481-1500

62 那智の滝《なちのたき》

和歌山県　東牟婁郡那智勝浦町

熊野信仰の聖地である那智山。大巳貴神《おおなむちのかみ》のご神体として那智の滝が祀られており、滝の正面には飛瀧《ひろう》神社が置かれている。滝口にかかるしめ縄は年に2度、神職によって張り替えられる。

アクセス▶JR紀伊勝浦駅からバスで約25分、那智の滝前下車、徒歩5分。

問い合わせ▶那智勝浦町観光協会☎0735-52-5311

ユニークな天然アート

奇岩

ただそこにある岩も、よくよく眺めていると何かの形に見えてくる。想像力を最大限に働かせ、天然アートに酔いしれよう。

63

男鹿のゴジラ岩《おがのゴジラいわ》

秋田県／男鹿市

男鹿半島南部に位置する潮瀬崎。ごつごつとした岩礁沿いを灯台方面へ進んで行くと、途中右手にゴジラ岩が現れる。迫力たっぷりの横顔はまるで海に向かって吠えているかのよう。

アクセス▶JR男鹿駅からバスで約30分、帆掛島下車、徒歩5分。

問い合わせ▶男鹿市観光商工課
☎0185-24-9141

64 虫喰岩《むしくいいわ》

和歌山県／東牟婁郡古座川町

古座川町池野山地区にある岩。流紋岩質火砕岩という浸食されやすい岩が、風雨によって浸食され、表面に虫が食ったような無数の穴が開いた状態になった。国の天然記念物に指定。

アクセス▶JR古座駅から車で約10分。
問い合わせ▶古座川町産業振興課
☎0735-72-0180

65 象岩《ぞういわ》

岡山県／倉敷市

倉敷市下津井港から2.5kmほど離れた六口島《むくちじま》。西岸は海水浴場となっており、その南端に象岩がある。巨大な花崗岩が長い年月をかけて波に削られ、象のような形が造られた。

アクセス▶JR児島駅からバスで15分、下津井公民館下車すぐの下津井港から船で約10分。民宿象岩亭の昼食プランまたは宿泊で送迎あり。**問い合わせ▶**民宿象岩亭☎086-479-8527

66 猿岩《さるいわ》

長崎県／壱岐市

黒崎半島の先端に位置する、高さ約45mの奇岩。玄武岩でできており、横を向いた猿の姿にそっくり。壱岐島の誕生伝説に登場する「八本の柱」のひとつでもある。

アクセス▶郷ノ浦港から車で約20分。**問い合わせ▶**壱岐市観光連盟
☎0920-47-3700

一度は見たい まつり

日本各地に伝わるさまざまな行事。その土地ならではの風土や歴史を感じながら、壮大なまつりを楽しもう。

67

宮島水中花火大会《みやじますいちゅうはなびたいかい》

広島県　廿日市市《はつかいちし》

宮島を舞台に毎年8月中旬に開催される花火大会。約5000発の花火が打ち上げられ、そのうち水中花火は約200発。走行する船から海中に花火玉が投げ込まれ、半円型の花が開く。

アクセス▶宮島口桟橋からフェリーで約10分。

問い合わせ▶宮島観光協会

☎0829-44-2011

68 さっぽろ雪まつり《さっぽろゆきまつり》

北海道／札幌市

毎年2月中旬に行われる、雪と氷の祭典。大通公園をはじめとする市内会場に、総数200基近くの雪氷像が展示される。中には高さ15mを超える巨大雪像も。夜間のライトアップも幻想的。

アクセス▶大通公園会場は地下鉄大通公園駅からすぐ。各会場間を運行するシャトルバスあり。**問い合わせ▶**さっぽろ雪まつり実行委員会☎011-281-6400

©北海道新聞社

69 流鏑馬《やぶさめ》

神奈川県／鎌倉市

毎年4月に開催される「鎌倉まつり」内で行われる流鏑馬。鶴岡八幡宮の流鏑馬馬場を会場とし、疾走する馬の上から3つの的をめがけて弓を射る勇壮な姿に見物客から歓声が沸く。

アクセス▶JR鎌倉駅から徒歩10分。
問い合わせ▶鎌倉市観光協会
☎0467-23-3050

70 長崎くんち《ながさきくんち》

長崎県／長崎市

1634年、2人の遊女が諏訪神社に舞を奉納したことが由来とされている。毎年10月7～9日の3日間にかけて行われ、さまざまな奉納踊りの演し物が披露される。

アクセス▶JR長崎駅を拠点に各踊場方面へ路面電車が運行。
問い合わせ▶長崎伝統芸能振興会
☎095-822-0111

アメージングな地下空間

洞窟

地底の奥深くに広がる、未知の空間。おそるおそる足を踏み入れてみれば、そこには太古のロマンが詰まっている。

71 沖永良部島の洞窟《おきのえらぶじまのどうくつ》

鹿児島県／大島郡知名町

奄美群島の中の沖永良部島。周辺には珊瑚礁が広がり、島内には大小200以上の洞窟がある。石柱状の鍾乳石や洞窟内を流れる地下水が、神秘的な空間を生み出している。

アクセス▶鹿児島空港から飛行機で約1時間。ケイビングツアーへの参加が一般的。

問い合わせ▶沖永良部島ケイビング協会
☎0997-93-1700

72 鳴沢氷穴《なるさわひょうけつ》

山梨県／南都留郡鳴沢村

貞観6年（864）の富士山の噴火によりできたトンネル状の洞窟。内部の気温が平均3℃と低く、染み出した水滴による氷柱が見られる。年によっては写真のような大氷柱となることもある。

アクセス▶富士急行線河口湖駅からバスで約30分、氷穴下車すぐ。

問い合わせ▶鳴沢氷穴

☎0555-85-2301

73 秋芳洞《あきよしどう》

山口県／美祢市

秋吉台に降った雨水が地下に染み込み、石灰岩を徐々に浸食。やがて大きな空洞が生まれ、鍾乳洞となった。地下水の水たまりが階段状に重なった百枚皿など、見どころが多数。

アクセス▶JR新山口駅からバスで約45分、秋芳洞バスターミナル下車、徒歩5分。

問い合わせ▶秋吉台観光交流センター

☎0837-62-0305

74 玉泉洞《ぎょくせんどう》

沖縄県／南城市

30万年の歳月が造り上げた、天然記念物にも指定される鍾乳洞。鍾乳石の数は100万本以上で国内最大級。全長約5kmのうち現在890mを公開。残りのエリアは研究用として保存されている。

アクセス▶那覇バスターミナルからバスで約50分、玉泉洞前下車すぐ。
問い合わせ▶おきなわワールド文化王国・玉泉洞
☎098-949-7421

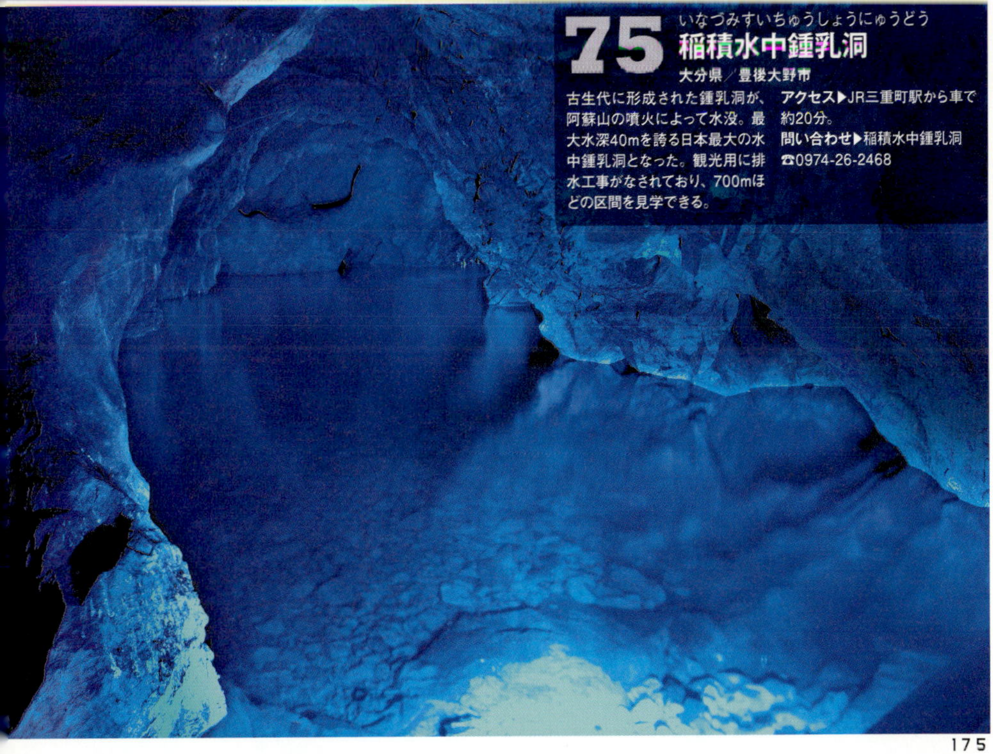

75 稲積水中鍾乳洞《いなづみすいちゅうしょうにゅうどう》

大分県／豊後大野市

古生代に形成された鍾乳洞が、阿蘇山の噴火によって水没。最大水深40mを誇る日本最大の水中鍾乳洞となった。観光用に排水工事がなされており、700mほどの区間を見学できる。

アクセス▶JR三重町駅から車で約20分。
問い合わせ▶稲積水中鍾乳洞
☎0974-26-2468

AMAZING SPOT in JAPAN!

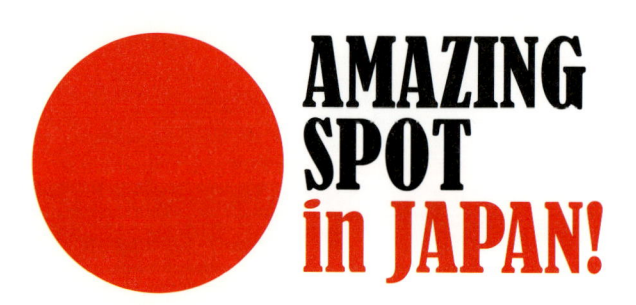

[兵庫] P.178

77 四日市の工場夜景
[三重] P.184

78 祇園の町並み
[京都] P.190

79 彦根城
[滋賀] P.196

80 新世界と道頓堀
[大阪] P.200

81 伏見稲荷大社の
千本鳥居
[京都] P.204

82 東大寺
[奈良] P.208

83 橋杭岩
[和歌山] P.212

AMAZING
SPOT
100
KINKI

近畿

雲海に浮かぶ竹田城跡。石垣の上に20もの天守や櫓があったかつての姿を想像してみて。

76

雲海に浮かぶ「天空の城」は まるで「日本のマチュピチュ」

竹田城《たけだじょう》

兵庫県／朝来市

1

3

2

1 雲海に浮かぶ竹田城跡が見られるのは、立雲峡の展望台から。朝来山の中腹、標高 756m に位置する自然公園で、桜の名所でもある。2 竹田城跡の麓にはかつての城下町の面影が残る。3 見事な石積みは穴太（あのう）積みと呼ばれる構築法で、石工職人集団の穴太衆により造られたもの。高いところで 10.6m に達する。4 本丸の天守台を中央に、二の丸、三の丸、南千畳および北千畳が配されていた。5 雪をまとった竹田城跡もドラマチック。

4

竹田城《たけだじょう》

山の形をうまく利用し、南北に羽をのばすように建造物が並んでいた様子がわかります。

5

Travel Plan 76

竹田城《たけだじょう》

兵庫県／朝来《あさご》市

山上に横たわる日本屈指の石垣

石垣が雲海に浮かぶ姿から「天空の城」、あるいは「日本のマチュピチュ」として一躍、人気の観光スポットとなった竹田城跡。古城山の山頂、標高約354mに位置し、虎が臥せているように見えることから「虎臥城《とらふすじょう》」とも呼ばれる。嘉吉3年(1443)に築城され、以来、太田垣氏が7代にわたり城主を務めたが、豊臣秀吉の但馬征伐により天正8年(1580)に落城した。その後は秀吉の家臣が城主に命ぜられ、最後の城主・赤松広秀の時代に今に見る石垣の城郭を整備したと言われている。城跡は南北400m、東西100mの縄張りを持ち、現存する石垣遺構としては日本屈指の規模を誇る。

旅の目安

アメージング度

難度

予算

5万〜
(大人1人当たりの予算)

アクセス

JR竹田駅から天空バス(期間限定)で約20分の中腹駐車場から徒歩約20分。徒歩だとJR竹田駅から表米神社登山道利用で約40分、南登山道利用で約60分。車の場合は和田山ICから約10分の山城の郷で車を停め、そこから天空バスで約5分の中腹駐車場から徒歩約20分。

問い合わせ先

情報館「天空の城」 ☎079-674-2120

ベストシーズン

雲海が発生するのは9〜11月のよく晴れた日の、明け方から8時頃にかけて。この時期は紅葉も見られる。4月上旬の桜の時期もおすすめ。なお、雲海に浮かぶ竹田城跡を眺められるポイントはJR播但線を挟んで竹田城跡の向かいにそびえる立雲峡の展望台。JR竹田駅から車で約10分の公園入口から、竹田城跡が一望できる第2展望台まで徒歩約20分、最上部の第1展望台まで徒歩約30分。

名物＆名産品

朝来名物の「岩津ねぎ」は、葉先から根元まで柔らかく、甘くて風味がいい。11〜3月が旬で、特に鍋物にするか焼いて食べるのがおすすめ。兵庫県のブランド和牛「但馬牛」は、牛丼やコロッケでも味わえる。

旅のワンポイント

山城の郷から中腹駐車場までの約1.4kmはほぼ平坦な道、中腹駐車場から入口の竹田城跡大手門までの約700mは高低差約100m。JR竹田駅から登山道利用の場合は、標高差が約255mある。特に表米神社登山道は約460段の階段を上らなければならず、それなりの覚悟が必要。南登山道のほうが道が整備されていて歩きやすい。現在、最高地点の本丸・天守台は入場不可となっている。

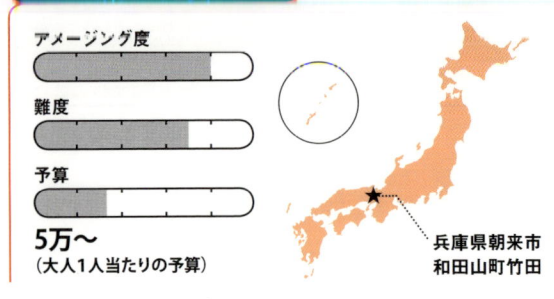

http://www.city.asago.hyogo.jp

モデルルート

Day 1　銀山で栄えた歴史とアートに触れる

AM11:00

時の為政者の財を支えた史跡生野銀山を見学

大同2年(807)に発見され、室町年間に本格的な採掘が始まった生野銀山。昭和48年(1973)に閉山するまでに坑道の総延長は350km、深さ880mに達した。観光坑道で採掘の様子を体験できるほか、生野銀山文化ミュージアムもある。

竹田城の守護のもと栄えた生野銀山

PM1:00

1200 年にわたる鉱山の生活を物語る

鉱山の町として栄えた口銀《くちがな》谷《や》の古い町並みは、現役の鉱山町として日本で初めて国の重要文化的景観に選定。口銀谷景観地区には当時の建造物が数多く残る。

口銀谷景観地区にある「生野まちづくり工房井筒屋」

鉱山の社宅でよく食べられていたという「生野ハヤシライス」を味わってみたい

PM3:00

芸術と触れ合い竹田の城下町へ

あさご芸術の森美術館は、雄大なロックフィルダムの下にある野外と屋内からなる美術館。朝来市出身の彫刻家・淀井敏夫の生涯にわたる作品をメインに展示。隣接してあさご芸術の森の野外彫刻公園がある。宿泊は竹田の城下町へ。古い建物をリノベーションした宿泊施設もある。

自然とアートの両方が楽しめるスポット

Day 2　対岸から竹田城を眺めいよいよ城へと登る

AM6:30

まずは立雲峡からの展望そして竹田城跡へ

雲海に浮かぶ竹田城跡を見るなら早起きをして、まずは朝来山の立雲峡へ。展望台まで登って、山上に横たわる竹田城跡を眺めたら、再び駅に戻り、竹田城跡を目指す。

AM12:00

下山後はかつての城下町を散策

JR 竹田駅の東側、円山川との間はかつての城下町。江戸時代の橋、寺や神社が並ぶ寺町通りなどを散策しよう。「旧木村酒造場 EN」内にある情報館「天空の城」では竹田城跡の石垣の原寸大のジオラマ、竹田城跡の鳥瞰模型などが見られる。

情報館「天空の城」。ボランティアガイドの受付もここで

PM3:00

但馬の王の墓とされる茶すり山古墳公園

5 世紀前葉の近畿最大級の古墳。直径約90m、高さ約18mあり、墳頂に2つの埋葬施設があったという。かつての様子を復元した埴輪や埋葬施設のレプリカを見学できる。

古墳の周囲には土器のレプリカが並ぶ

＋1 Day

ひと足のばして城崎《きのさき》温泉へ

朝来から但馬地方を北に行くと、平安時代からの歴史があり、名だたる文豪が訪れていることで知られる城崎温泉がある。ここで 1 泊して、周辺の見どころや、日本海沿岸の景勝地を訪れるのもいい。姫路、神戸、大阪、京都などと組み合わせたプランもおすすめ。

大谿川(おおたにがわ)沿いに風情ある建物が並ぶ城崎温泉

77

“3D夜景”と呼ばれる
日本を代表する工場夜景

四日市《よっかいち》の工場夜景《こうじょうやけい》

三重県／四日市市

炎は定期点検や修理の際に残っているガスを燃やすときに見られるフレアスタック。塩浜第１コンビナート、磯津堤防突堤から。

1

3

2

1コンビナートの配管は重油や冷却水、煙道など用途により直径1cmのものからだいたい30〜40cm、さらにそれ以上の太いものまである。 2煙突からは蒸気や排煙が上がることもある。 3塩浜にある第1コンビナートの重油分解センターの眺め。大きさの異なる煙突やタンクがライトに浮かび上がり幻想的。 4四日市港ポートビル展望展示室「うみてらす14」からの第3コンビナートの夜景。 5第1コンビナート昭和四日市石油を、夕刻に南側から見た景観。

4

四日市《よっかいち》の工場夜景《こうじょうやけい》

昭和四日市石油の煙突群。中央の煙突の高さは120m、一番高い煙突は200mもあるそうです。

5

Travel Plan 77

四日市の工場夜景《よっかいちのこうじょうやけい》

三重県／四日市市

日本五大工場夜景の聖地とされる場所

室蘭、川崎、四日市、周南、北九州は、日本五大工場夜景として知られている。なかでも四日市コンビナートは戦後、海軍燃料廠跡地に日本で最初に作られた石油化学コンビナート。1970年代には大気汚染や水質汚染などの公害問題も発生したが、現在は各社、行政の努力でクリーンな環境となった。3エリアからなるコンビナートを、四日市港ポートビルや、地上の橋や堤防、夜景クルーズなど、さまざまな角度から眺められることから“3D夜景”と呼ばれている。石油化学工場と石油精油所、火力発電所が24時間操業し、日が暮れると保安ライトが灯り、コンビナートは幻想的な風景に変わる。

旅の目安

アメージング度

難度

予算

4万～

（大人1人当たりの予算）

アクセス

コンビナートにより場所が異なる。JR四日市駅から徒歩20分の大正橋付近、またはJR四日市駅から関西本線で3分のJR富田浜下車、徒歩15分の四日市ポートビル。近鉄霞ヶ浦駅から徒歩25分の四日市ドーム周辺、近鉄塩浜駅から徒歩25分の昭和四日市石油南側周辺。車は伊勢湾岸自動車道・みえ川越ICから国道23号経由で約10分。

問い合わせ先

四日市観光協会　☎059-357-0381

ベストシーズン

年間を通して見ることができるが、空気が澄む冬は特に夜景がきれいに見えるのと、日没時間が早く、夜景が見られる時間も長い。四日市港ポートビルの展望室「うみてらす14」は、通常は17時閉館だが、毎週土曜と7～11月の金曜は21時まで開館している。夜景クルーズも金・土曜（運休する場合もある）限定なので週末が狙い目。

名物＆名産品

東海道の宿場町として栄えた四日市は江戸時代からの「なが餅」や「大矢知手延べ素麺」などの郷土料理と、「伊勢茶」が有名。名物料理は豚肉ステーキの「四日市とんてき」がある。また、全国の土鍋の約8割を占める「萬古焼《ばんこやき》」でも知られる。

耐熱性に優れた萬古焼の鍋

旅のワンポイント

各コンビナートを効率よく回るにはレンタカーが便利。四日市観光協会のお得な工場夜景レンタカープランもある。4月下旬～9月の土曜には定期観光バスの「よっかいち！ぐるバス」が運行されるので、夜景までの時間に利用できる。クルーズとのセットプランもある。

http://kanko-yokkaichi.com

モデルルート

Day 1 四日市の産業風景を見て夜は工場夜景を満喫する

AM11:00

新旧2つの動く橋を見学

末広橋梁は1931年に造られた跳開式の鉄道可動橋。隣接する1991年に完成した3代目の臨港橋は、船舶が通る際に遮断機で車を停め、油圧ジャッキで橋梁を押し上げて開く跳ね橋。親柱に四日市の名産品、萬古焼のタイルを使用している。

末広橋梁は国の重要文化財に指定されている

列車が通るとき以外は橋桁が上がっている

AM12:00

明治時代に造られた珍しい潮吹き防波堤

明治期に四日市港が造られた際、オランダ人技師ヨハネス・デ・レーケが考案した潮吹き防波堤を見学。港外からの波を小堤で受け、乗り越えた波を次の大堤で受け、穴から潮が港内側に吹き出す珍しい構造。近くの稲葉翁記念公園には潮吹き防波堤のレプリカが設置されていて仕組みがわかる。

明治27年(1894)に完成した潮吹き防波堤は長さ199m。潮吹き穴が49カ所ある

PM1:00

ボリューム満点の四日市ご当地グルメ

戦後に登場し、今では中国料理店や洋食レストラン、ラーメン店でも食べることができる「四日市とんてき」。分厚い肉とたっぷりのキャベツでお腹がいっぱいになる。とんてきMAPがあるので現地で手に入れよう。

分厚い豚肉をニンニクと濃い目のタレでソテーした「四日市とんてき」

PM4:00

四日市港ポートビルからコンビナートを一望

コンビナートを俯瞰する、四日市港ポートビルの14階にある展望室「うみてらす14」から展望を楽しむ。晴れていれば鈴鹿山脈や中部国際空港セントレアまで望むことができる。21時まで開館している曜日をチェックして行こう。

第3コンビナートの眺め。夜景のビュースポットとして知られるが、日中の展望も素晴らしい

PM8:00

ポイントを探してベストショットを撮る

第1から第3コンビナートを回って、夜景のベストビュースポットを探そう。立ち入り禁止地域に入り込んだりしないよう、ルールを守って行動したい。四日市観光協会のホームページに写真撮影ポイントの紹介があるので、事前にチェックしておこう。

鈴鹿川北岸の昭和四日市石油南ポイントからの迫力のある第1コンビナート夜景

大正橋付近からの午起地区のコスモ石油前。コンビナートの音も聞こえる

+1 Day

昼は伊勢神宮にお参り

四日市から伊勢神宮へは列車で約1時間の距離なので、伊勢神宮参拝と夜景をセットにしたプランもいい。金曜に四日市港ポートビルでじっくり日没と夜景を眺め、翌日の土曜は日帰りで伊勢神宮に行き、夜は60分または90分の夜景クルーズでたっぷり夜景を楽しむことも。ただし、夜景クルーズの運航は金曜と特定の土曜のみなので注意。人気なので予約は早めに。

伊勢神宮参拝もはずせない

78

舞妓さんの姿を探して
京都最大の花街を歩く

祇園の町並み《ぎおんのまちなみ》

京都府／京都市

毎年４月に開催される舞踊公演「都をどり」の期間中には、花見小路通りにぼんぼりが並びます。

着物姿がよく似合う祇園。着物のレンタルサービスを利用して、町歩きを楽しんでみるのも。

1

夜の祇園に浮かび上
建立の「八坂の塔」。

2

1「祇園さん」の名で親しまれている、全国の祇園社の総本社「八坂神社」。たくさんの提灯がつり下げられた舞殿がある。2祇園のシンボルでもある法観寺の「八坂の塔」は、高さ 46m の五重塔。3川畔にシダレヤナギがなびく白川に架かる祇園巽橋。向かいにある辰巳大明神には

3

Travel Plan 78

祇園の町並み《ぎおんのまちなみ》

京都府／京都市

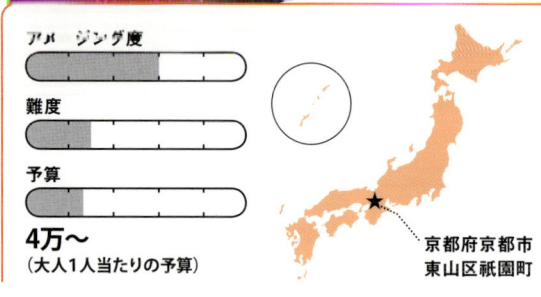

伝統が受け継がれる 京風情たっぷりの祇園

八坂神社の門前町として発展した祇園。京都有数の花街として、多くの舞妓や芸妓が集まり、交遊の場として賑わいを見せた。今でも祇園は、格子戸が続く町家、石畳や柳並木などが京らしい風情を醸しだしている。なかでも新橋通から白川沿いにかけては国の重要伝統的建造物群保存地区に選定されており、老舗のお茶屋や料亭の伝統的な建物が残る。八坂神社、風神雷神図屏風で知られる建仁寺などに立ち寄りながら、お茶屋や甘味処、和雑貨を扱う店が点在する小路を行くと、お座敷に出かける舞妓さんの姿を見かけることも。あてもなく裏路地に迷い込んでも歴史と情緒を楽しめる場所だ。

旅の目安

アメージング度

難度

予算

4万〜
（大人1人当たりの予算）

アクセス

JR 京都駅から JR 奈良線で 3 分の東福寺で京阪本線に乗り換え 5 分、祇園四条駅下車。または JR 京都駅から市バス 100・206 系統で 16 分、祇園下車。

問い合わせ先

京都市観光協会　☎ 075-752-7070

ベストシーズン

豪華絢爛な山鉾が見られる「祇園祭」

春の桜、秋の紅葉は京都を代表する風景。日本三大祭りのひとつ「祇園祭」は 7 月 1 日から 1 カ月間にわたって開催され、ハイライトは 17 日と 24 日の山鉾巡行。「京都五山送り火」とともに夏の風物詩となっている。伝統的なお正月行事や節分行事など、一年を通して楽しむことができる。

名物＆名産品

宇治抹茶を使用した「茶寮都路里」のパフェ

甘味処が多い祇園。くずきりの「鍵《かぎ》善良房《ぜんよしふさ》」、草わらびもちの「洛匠」、抹茶スイーツの「茶寮都路里《つじり》」に、京飴の「祇園小石」、老舗の甘味処「ぎをん小森」などの有名店がある。ちりめんや和紙を使った和雑貨を扱う店も多く、おみやげとして人気。

旅のワンポイント

気軽に舞妓さんの舞と京料理を楽しめるプランを用意している料理旅館、着物で町歩きが楽しめる着物レンタルショップ、舞妓さんの衣装と化粧で写真を撮れるスタジオなど、祇園を体験できるプランがいろいろある。

http://kanko.city.kyoto.lg.jp

モデルルート

Day 1 清水寺から祇園 活気あふれる錦市場へ

AM10:00

JR 京都駅から定番の「清水の舞台」を目指す

市バス 100・206 系統で 15 分、清水道バス停から徒歩 10 分ほどで清水寺へ。本堂にある「清水の舞台」は高さ 13m あり、四季折々の美しい景色を堪能できる。

釘を一切使わずに組まれた 172 本の柱に支えられている

AM12:00

京都らしい町並みを散歩しながら祇園へ

清水寺から清水坂、産寧坂(三年坂)、二年坂、ねねの道と、風情たっぷりの坂道を歩いて祇園へ。八坂神社を参拝したら、四条通〜切通し〜建仁寺〜白川南通〜新橋通と、祇園の町並みを楽しみつつ、ランチやカフェもここで。

PM3:00

京の台所・錦市場でおみやげ探しとつまみ食い

錦小路通沿い約 400m に約 130 軒の店がぎっしりと並ぶ錦市場は、京の食文化を支えてきた 400 年の歴史を持つ市場。食材もさることながら、餅菓子やパン、コロッケなどは、つまみ食いのおやつにぴったり。

アーケードになっているので雨の日も楽しめる

PM5:30

鴨川の風に吹かれて京の夜を楽しむ

高瀬川沿いの木屋町通にはさまざまなジャンルの飲食店が並び、平行する鴨川沿いの先斗町通は石畳と町家が花街の風情を漂わせる通り。気になる店をのぞいてみよう。

先斗町の明かりと鴨川。夏は納涼床での食事もおすすめ

Day 2 京都の王道観光 世界遺産の寺巡り

AM10:00

自然と一体になった風光明媚な古刹巡り

JR 京都駅から約 18 分の嵯峨嵐山駅で下車し、曹源池庭園で知られる「天龍寺」まで徒歩約 13 分。四季折々の美しさを見せる境内を散策したら、竹林が印象的な野宮神社へ。

世界遺産に登録されている古刹「天龍寺」の曹源池庭園

AM12:00

一度ならずとも見てみたい世界遺産の金閣寺

嵐電・嵐山駅から北野白梅町駅まで 17 分。駅から市バス 5 分の金閣寺道で下車し、徒歩 5 分ほどで金閣寺に到着。総門〜鏡湖池〜金閣〜銀河泉〜龍門滝〜安民沢〜夕佳亭〜不動堂を拝観して所要約 1 時間。

PM3:00

室町時代の美意識わびさびに癒される

金閣寺周辺にも見どころはたくさんあるが、定番の銀閣寺はやはり見ておきたい。西大路通から市バスで銀閣寺前まで約 50 分。バス停から徒歩約 5 分で銀閣寺総門に着く。砂盛が美しい向月台・銀沙灘〜京の三閣のひとつである観音殿堂〜国宝の東求堂などを拝観して所要約 40 分。

PM6:00

東山の自然に癒される散歩道

銀閣寺から南禅寺までは「哲学の道」と呼ばれ、東山の自然の中に寺院、飲食店やショップが点在している。時間の許す限りのんびりと散策を楽しみたい。周辺バス停からバス、または蹴上駅から地下鉄利用で JR 京都駅まで 20 〜 40 分。

哲学者・西田幾多郎が散策していたことが「哲学の道」の由来

79

天守の破風屋根が美しい
天下の名城

彦根城《ひこねじょう》

滋賀県／彦根市

4 月には 1200 本もの桜
が彦根城を彩り、夜には
ライトアップされます。

1

1 4代藩主・井伊直興により延宝5年(1677)に造営された玄宮園(げんきゅうえん)は、近江八景を表しているという美しい庭園。11月中旬～12月初旬にかけて「錦秋の玄宮園ライトアップ」が開催される。2 4つの島と9つの橋がある玄宮園。建物は井伊家の下屋敷で、現在は楽々園と呼ばれている。

2

http://www.hikoneshi.com

Travel Plan 79

彦根城《ひこねじょう》

滋賀県／彦根市

旅の目安

アメージング度

難度

予算

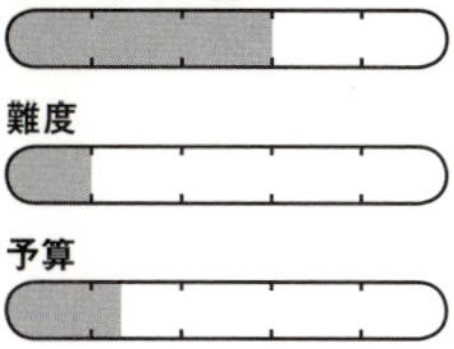

4万〜
(大人1人当たりの予算)

アクセス

JR 彦根駅から徒歩 15 分。車は名神高速道路・彦根 IC から国道 306 号経由で約 10 分。

問い合わせ先

彦根城管理事務所　☎ 0749-22-2742

彦根城お堀めぐりの遊覧船

ベストシーズン

春と秋が特におすすめ。4 月 1 〜 20 日には桜の開花に合わせて「彦根城桜まつり」、3 月中旬〜 5 月中旬にかけては「ご城下にぎわい市」が開催され、特産品の販売などが行われる。9 〜 11 月にかけては彦根城一帯がライトアップされる『ひこね夢灯路』があり、歴史的空間や紅葉が暗闇に浮かび上がる。

名物＆名産品

和菓子匠「いと重菓舗」の看板商品「埋れ木」

琵琶湖で捕れるアユ、フナなどの湖魚を使った佃煮や煮付、鮒寿司、鮎の串焼きなど。日本三大ブランドの近江牛も言わずと知れた名物。庶民的なところでは、近江ちゃんぽんのルーツである「彦根ちゃんぽん」、近江米と彦根の食材を使い各店趣向を凝らした「ひこね丼」がある。おみやげには、白餡を求肥で包み、抹茶を加えた和三盆糖をまぶした「埋れ木」をぜひ。

旅のワンポイント

彦根城のモデルコースは、馬屋を通って表門から入り、鐘の丸、天秤櫓、時報鐘、太鼓門櫓、着見台、天守、黒門と城内の見どころを巡り、橋で濠を渡って楽々園、玄宮園の庭園へ。ゆっくり歩いて所要 1 時間 30 分ほど。彦根城のご当地キャラ「ひこにゃん」は毎日城内に登場。

徳川四天王のひとり 井伊一族の居城

徳川家康の命によりおよそ 20 年の歳月をかけて、元和 8 年（1622）に完成した彦根城。のちに近江国彦根藩の井伊氏が 14 代にわたって居城した。現在、天守が残る国内の 12 城のうち 4 城が国宝に指定されているが、彦根城はそのひとつ。天守は 1 層目が切妻破風、2 層目は切妻破風と入母屋破風、唐破風を組み合わせたもので、どこから見ても流れるような屋根のラインが美しい。天守のほかに天秤櫓、太鼓門櫓、馬屋など 6 つの建造物が国の重要文化財に指定されている。また、城内には表御殿を復元した彦根城博物館があり、江戸時代の能舞台や井伊家伝来の大名道具などを見学できる。

80

「天下の台所」と呼ばれた
大阪屈指の繁華街

新世界《しんせかい》と道頓堀《どうとんぼり》

大阪府／大阪市

足の裏をなでるとご利益があるとされる「ビリケンさん」。本物は通天閣におるで！

1 高さ 103.3m の通天閣。夜になると光るてっぺんのネオンは翌日の天気予報になっていて、白が晴れ、オレンジは曇り、青が雨。2「グリコ」の看板で有名な道頓堀。日本橋～浮庭橋まで 9 つの橋をくぐる「とんぼりリバークルーズ」が運航。

http://www.tsutenkaku.co.jp・http://www.dotonbori.or.jp

Travel Plan 80

新世界《しんせかい》と道頓堀《どうとんぼり》

大阪府／大阪市

大阪独自の生活・文化を体感できるなにわの拠点

西日本の中心都市、大阪。2014年に高さ300mの日本一高いビル、あべのハルカスが開業するなど、日々変貌を遂げている。その一方で、独自の言語や食文化などの伝統が受け継がれ、独特な魅力に満ちている。大阪は梅田や曾根崎周辺のキタと、難波から心斎橋筋、道頓堀周辺のミナミとに分けられる。江戸時代に浪花五座という5つの劇場があった道頓堀は、さまざまな店が集まる大繁華街。道頓堀の南に位置する新世界には、なにわのエッフェル塔と呼ばれる通天閣がある。「京都の着倒れ、大阪の食い倒れ」ということわざにならって、大阪名物を味わい、お笑いの舞台も楽しみたい。

旅の目安

アメージング度

難度

予算

4万〜

（大人1人当たりの予算）

アクセス

JR新幹線新大阪駅から拠点となるJR大阪駅へは、東海道線で4分。または地下鉄御堂筋線で6分の梅田駅下車。新世界へはJR大阪駅から大阪環状線で17分、JR新今宮駅下車、徒歩5分。道頓堀へは地下鉄梅田駅から地下鉄御堂筋線で8分、地下鉄なんば駅下車、徒歩3分。

問い合わせ先

通天閣観光株式会社　☎06-6641-9555

道頓堀商店会　☎06-6211-4542

ベストシーズン

大阪湾と山に囲まれ、瀬戸内海式気候に分類される。年間を通して天気は比較的安定している。日本全国同様だが、夏の日中は30℃を超える日も多く暑いのと、雲が発達して天気が変わりやすい。大きなイベントなどがあると混み合うので、事前にチェックしよう。

名物＆名産品

本場で味わいたいお好み焼き

なにわ名物は、お好み焼きやたこ焼き、串カツなど“粉もん”で知られ、道頓堀や新世界界隈にはたくさんの店がある。ほかにもフグの「てっちり」、クジラの「ハリハリ鍋」など、数え切れないほどの名物グルメがある。江戸時代に普及した錫器の技術が受け継がれた「大阪浪華錫器」は伝統工芸品。

旅のワンポイント

JR大阪環状線と地下鉄御堂筋線を乗りこなして大阪を動き回ろう。電車・バス・ニュートラムが1日乗り放題、かつ28の観光施設などに入場できるお得な「大阪周遊パス」もある。大阪観光局のインターネットが自由に使えるOsaka Free Wi-Fiのサービスは、大阪中で使用でき便利。

81

数千もの鳥居が並ぶ
お稲荷さんの総本宮

伏見稲荷大社の千本鳥居《ふしみいなりたいしゃのせんぼんとりい》

京都府／京都市

神の世界へと続く「千本鳥居」。稲荷塗と言われる朱色は魔除けや神聖な意味が込められています。

1

2

千本鳥居は実は２筋
に分かれています。
江戸時代からこの造
りだったそう。

3

1豊臣秀吉により天正17年（1589）に建てられた楼門。秀吉が母・大政所の病気治癒を祈願した“命乞いの願文”が残されている。 2お稲荷さんの神の使いであるキツネがいたるところに。 3鳥居の先の奥社奉拝所には願い事が叶うかどうかわかる「おもかる石」がある。 4建物にも神聖な朱色が多く使われている。

4

http://inari.jp

Travel Plan 81

伏見稲荷大社の千本鳥居《ふしみいなりたいしゃのせんぼんとりい》

京都府／京都市

旅の目安

アメージング度

難度

予算

4万～
（大人1人当たりの予算）

アクセス

JR 京都駅から JR 奈良線で 5 分、稲荷駅下車すぐ。京阪本線で伏見稲荷駅下車、徒歩 5 分。名神高速道路・京都南 IC から約 15 分。

問い合わせ先

伏見稲荷大社　☎ 075-641-7331

ベストシーズン

関西の初詣を代表する神社だけに、年明けは参拝者で非常に混雑する。節日毎に祭事が行われており、おもな祭事は、1 月 1 日の歳旦祭、2 月の節分祭、5 月 3 日の稲荷祭、7 月下旬の本宮祭、11 月 8 日の火焚祭など。本宮祭では 400 点以上のあんどんが飾られ華やか。また、秋にはモミジの紅葉が美しい。

名物＆名産品

「総本家いなりや」の「きつね煎餅」

京都伏見稲荷駅から神社に続く参道には、食事処やみやげ物屋が並んでいる。名物は、稲荷にちなんだ「いなり寿司」、キツネの形をした「きつね煎餅」、玉子型の「わらびもち」、「スズメの丸焼き」、「きつねうどん」など。キツネの雑貨も多い。奥社奉拝所の前にある茶屋では、キツネの面がおみくじをくわえた根付けを販売。

旅のワンポイント

伏見稲荷大社の本殿は、5 柱の神を祀る打越流造《うちこしながれづくり》の美しい屋根が特徴。参道から楼門、本殿を見て、千本鳥居を通って奥社奉拝所までが一般的な参拝ルートで所要 30 分ほど。稲荷山には 7 カ所の神蹟と無数の祠があり、一周する参道が設けられている。ただし、「お山巡り」はアップダウンもあり、所要 2 時間はみておきたい。

1300年以上の歴史を持つ 5柱の神を祀るお稲荷さん

伏見稲荷大社は、全国の稲荷神社の総本宮。JR 稲荷駅から賑やかな参道を抜けると、大きな鳥居の先に楼門が現れる。重要文化財に指定されている本殿、権殿、楼門など 8 棟の建物を中心に、稲荷山全体に塚と祠が点在し、敷地面積は 27 万坪におよぶ。伏見稲荷大社の起源は和銅 4 年（711）にまでさかのぼり、平安時代には庶民から武将まであらゆる人々の信仰を集めた。応仁元年（1467）に勃発した応仁の乱でいったんは灰と化すが、信仰は途絶えず、明応 8 年（1499）には本殿が再興される。現在も五穀豊穣、商売繁昌、家内安全、諸願成就を願い、訪れる参拝者は途絶えることがない。

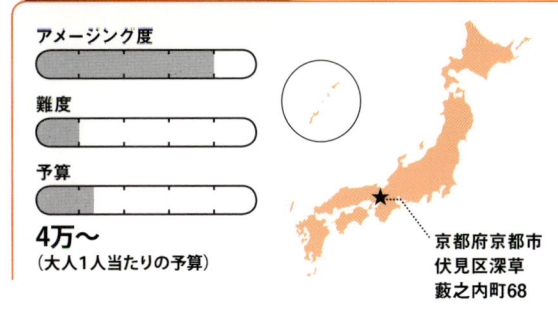

82

聖武天皇が建立した
奈良時代の大寺

東大寺《とうだいじ》

奈良県／奈良市

江戸・明治時代および昭和の、約11万枚の瓦がのっています。

現在の大仏殿は鎌倉と江戸時代に再建されたもの。間口約57m、奥行約50m、高さ約47mある。

http://www.todaiji.or.jp

Travel Plan 82

東大寺《とうだいじ》
（華厳宗大本山 東大寺）

奈良県／奈良市

旅の目安

アメージング度

難度

予算

4万～
（大人1人当たりの予算）

見応えのある建造物が広い境内に点在する

聖武天皇が生まれて間もなく亡くなった皇太子のために建てた金鍾《きんしょう》山寺《せんじ》が東大寺の起源とされる。天平13年（741）に大和金光明寺となり、のちに全国の国分寺の中心として位置づけられた。境内の中心にある大仏殿（東大寺金堂）は日本最大級の木造建築。「奈良の大仏さま」こと盧舎那《るしゃな》大仏像は像高14.98m、中指の長さだけでも約1mある。この大仏殿に加え、南大門、二月堂、法華堂、転害門などの建物と、盧舎那大仏を含む数多くの仏像や文書などが国宝に指定されているほか、美術品や工芸品など数え切れないほどの重要文化財がある。歴史ある境内とその周辺は、国の史跡に指定されている。

アクセス

JR奈良駅から市内循環バスで8分、大仏殿春日大社前下車、徒歩5分。近鉄奈良駅から徒歩20分。京奈和自動車道・木津ICから約15分。

問い合わせ先

東大寺寺務所　☎0742-22-5511

ベストシーズン

春の新緑、秋の紅葉と、四季折々の美しさがある。行事では、毎年1月1日の0時～「除夜の鐘」が鳴らされる。この鐘をつくために、順番待ちの行列ができる。2月3日の「節分」では、二月堂の舞台から豆まきが行われ、同じく二月堂では3月に「修二会（お水取り）」の行事がある。5月2日は「聖武天皇祭」、8月7日には大仏さまを清掃する「お身拭い」、盂蘭盆にあたる8月15日には「万灯供養会」があり、大仏殿のまわりや参道に2500基の灯籠が並び幻想的。

名物＆名産品

奈良名物の「柿の葉寿司」や茶粥、くず餅などを南大門へ向かう途中の店で味わえる。東大寺ミュージアムのショップではオリジナルの和菓子を販売。カフェで抹茶とともにいただくことも。

「ゐざさ」の「柿の葉寿司」

✚モデルルート

東大寺境内と周辺を歩く

東大寺では南大門～大仏殿、「奈良太郎」の愛称を持ち、南都八景のひとつ大鐘と鐘楼を見て法華堂、そして二月堂へ。二月堂からは東大寺の境内はもとより、奈良市街、奈良盆地が一望できる。その後、奈良公園、春日大社へ。所要約4時間。どこも敷地が広いので、時間に余裕を持った計画を立てたい。

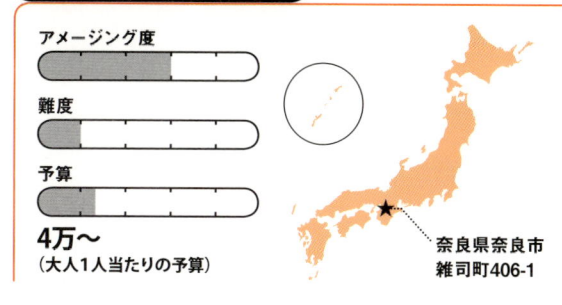

弘法大師が造りかけたという伝説が残る紀州串本の奇岩

83

橋杭岩《はしくいいわ》

和歌山県／串本町

アクセス▶JR串本駅から徒歩30分。車は名古屋方面からは紀勢自動車道・尾鷲北ICから国道42号経由で約2時間。大阪方面からは御坊道路・南紀田辺ICから国道42号経由で約1時間30分。

問い合わせ▶串本町観光協会

☎0735-62-3171

所在地▶和歌山県東牟婁郡串本町鬮野川

本州最南端の串本町。海岸から紀伊大島に向かって約 850m にわたり、大小約 40 の奇岩が並んでいる。その様子が橋の杭のように見えることから、橋杭岩と呼ばれ、国の天然記念物に指定されている。弘法大師と天の邪鬼が、一夜のうちに大島まで橋が架けられるか賭をした。負けそうになった天の邪鬼が鶏の鳴き声を真似たため、弘法大師は夜が明けたと勘違いし、杭だけ造ったところでやめてしまったという伝説が残る。実際は、火山活動により泥岩層に石英班岩が入り込み、その後、黒潮の波により柔らかい泥岩層が浸食され、堅い岩が杭のように残ったもの。干潮時は歩いて岩のそばまで行くことができる。2013 年に国道 42 号沿いにオープンした道の駅くしもと橋杭岩の、情報休憩棟 2 階テラスから一望できる。写真は日の出前で、岩の向こうから昇る朝日は絶景。

中国・四国

84 鳥取砂丘
［鳥取］P.214

85 鳴門の渦潮
［徳島］P.220

86 鞆の浦・仙酔島
［広島］P.224

87 「モネの庭」マルモッタン
［高知］P.228

88 隠岐島のローソク島
［島根］P.232

89 倉敷美観地区
［岡山］P.236

90 須佐ホルンフェルス
［山口］P.242

91 石鎚山と面河渓
［愛媛］P.246

92 銭形砂絵
［香川］P.250

AMAZING SPOT 100
CHUGOKU & SHIKOKU

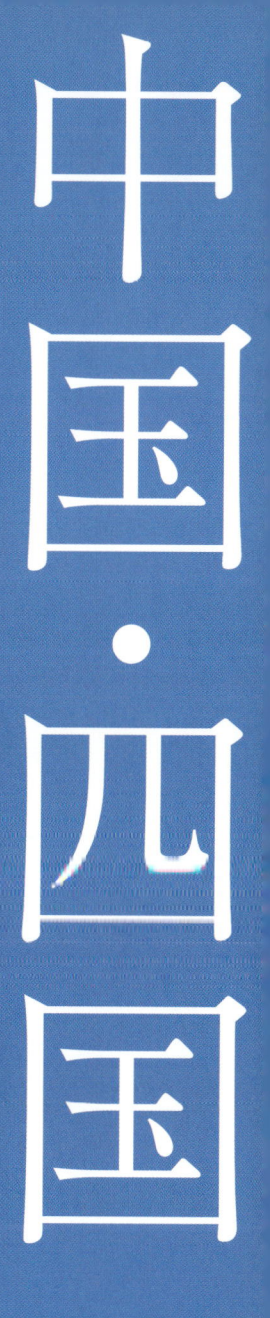

84

果てしなく続く
砂のさざ波と戯れる

鳥取砂丘《とっとりさきゅう》

鳥取県／鳥取市

美しい風紋を見たいなら誰も歩いていない早朝に行くのがおすすめ。

「馬の背」の上からは日本海の絶景が望めます。

鳥取砂丘《とっとりさきゅう》

左頁：最高地点の「馬の背」[illegible]30分以上歩く覚悟で。1 美しい風紋ができやすいのは「馬の背」がある第2砂丘列やその東側。2 砂地で育つコウボウムギ。砂の吹きだまりに群落を作る。3 裸足で歩くと気持ちがいいが、夏は砂が熱いので注意。4 急斜面の窪みの「すりばち」に水が溜まるのは秋から春にかけて。

Travel Plan 84

鳥取砂丘《とっとりさきゅう》

鳥取県／鳥取市

砂の丘を上って下りて 風紋や海の眺めを堪能

鳥取、兵庫、京都にまたがる山陰海岸ジオパーク内の、山陰海岸国立公園に位置する鳥取砂丘。千代川によって海に運ばれた砂が、潮流に乗り、波と風により打ち寄せられて形成されたもので、海岸沿いに東西16km、南北2.4kmにわたって広がる。砂丘には高低差があり、砂丘の最高峰「馬の背」は高さ約50m、「すりばち」は深さ約40mある。砂の作り出す美しいシェイプや、どこまでも続く風紋、滑り落ちた砂粒が作る砂簾《されん》と、自然が造り出した砂の芸術を眺めながら、広大な砂丘内を散策しよう。ラクダ乗り、サンドボード、パラグライダーなどを楽しむこともできる。

旅の目安

アメージング度

難度

予算

9万〜
（大人1人当たりの予算）

アクセス

鳥取空港から砂丘入口までタクシーで約15分。車は鳥取自動車道・鳥取ICから国道9号経由で約20分。JR鳥取駅から砂丘入口までは路線バスまたはタクシーで約20分。路線バスは、「馬の背」まで最短で行くなら砂丘会館下車、砂丘観光リフトに乗るなら砂丘センター下車が便利。

問い合わせ先

鳥取市観光案内所　☎0857-22-3318

ベストシーズン

野外を歩くため過ごしやすい気候の春や秋が快適。夏は非常に暑いが、日本海での海水浴も楽しめる。冬は雪が降ることもある。砂丘歩きは、靴が砂だらけになることを覚悟して出かけよう。素足やサンダルがおすすめだが、夏は砂が熱いので底が厚めのシューズを。周辺みやげ物屋で長靴やサンダルの貸し出しをしているほか、足洗い場もある。

名物＆名産品

赤紫のらっきょうの花の見頃は10月下旬

鳥取砂丘の一番の名物は、真っ白でシャキシャキとした歯応えが特徴の「砂丘らっきょう」。和紙で包んだ地鶏の卵を、砂丘の砂で蒸し焼きにした「砂たまご」は新名物。日本海の海の幸も豊富で、イカ釣り船の漁火が海に浮かぶ様子は夏の風物詩にもなっている。

旅のワンポイント

「砂の美術館」の開館はGW前〜翌年1月初旬

鳥取砂丘をらくだの背に揺られて観光できる「遊覧らくだ」がある。砂丘入口付近にある「砂の美術館」は、砂像を展示する日本で唯一の美術館。砂で世界旅行をコンセプトとして毎年テーマの違う展示が楽しめる。

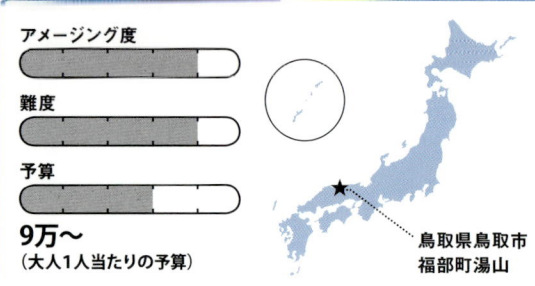

http://www.torican.jp

モデルルート

Day 1 広大な砂丘風景と城下町散歩

AM9:00

比較的人が少ない早朝が狙い目

鳥取空港からレンタカーや路線バスで鳥取砂丘へ。観光スポットを巡るループ麒麟獅《きりんじ》子《し》バス（夏期と土・日曜・祝日運行）もある。

ラクダに乗っての砂丘観光は入口の売店「らくだや」で申し込める

PM3:00

江戸情緒あふれる倉吉の町並みを散策

日本海沿いをドライブして倉吉まで約1時間20分。玉川沿いに土蔵が並ぶかつての城下町で、国の重要伝統的建造物群保存地区に選定されている。白壁土蔵群の町並み散策を楽しもう。

蔵群はカフェや食事処、雑貨店などになっている

PM6:00

ラドン温泉にどっぷり浸かる

倉吉から車で約20分、世界屈指の高濃度のラドン含有量を誇る、放射能泉の三朝《みささ》温泉に宿泊。新陳代謝が活発になり免疫力も増すという温泉で疲れを癒そう。

開湯から850年の歴史ある温泉街はレトロ感たっぷり

Day 2 妖怪ハンティングと橋を渡って松江へ

AM11:00

鳥取屈指の観光地水木ワールドを体感

再び日本海から美しい美保湾沿いを走り境港を目指す。境港は妖怪漫画家水木しげる氏の故郷として知られ、市街を走るメインロードの800mが「水木しげるロード」となっている。700種、4000点の魚のはく製を展示する「水のない水族館」などの見どころもある。

境港は松葉ガニで有名。3つある魚市場にも立ち寄りたい

PM2:00

話題の「ベタ踏み坂」と城下町松江

境港から急勾配で知られる江島大橋（→P.159）を渡り、大根島を経由して、1時間ほどで松江に到着。松江城や松江歴史館、小泉八雲記念館などの見どころを見学。日没時間をチェックして宍道湖の夕日（→P.165）を眺めるのも。

「ベタ踏み坂」で話題の江島大橋

Day 3 平成の大遷宮を終えた出雲大社を参拝

AM10:00

出雲大社で縁結び祈願

松江から縁結びで有名な出雲大社までは車で約1時間10分。出雲大社は平成25年5月に大遷宮を終え、御本殿が生まれ変わりました。日本最大のしめ縄がある神楽殿や御本殿など、時間をかけて参拝したい。

パワースポットとして人気の出雲大社。お詣りは「2礼、4拍手、1礼」

PM1:00

出雲大社のお膝元で名物出雲そばを食す

出雲大社に隣接して島根県立古代出雲歴史博物館があり、国宝の銅鐸や出土品を展示。出雲大社周辺で出雲そばを味わった後は、カフェでくつろぎ帰途へ。

出雲大社にまつわるさまざまなことがわかる島根県立古代出雲歴史博物館

85

宇宙と大地のエネルギーが巨大な渦巻を生み出す

鳴門の渦潮《なるとのうずしお》

徳島県／鳴門市

渦に吸い込まれそうな観潮船。渦は潮流の激しくなる6時間おきに出現するのだそう。

1

陸地から450m離れた展望
室からの眺めは迫力満点！

2

1 鳴門海峡の渦潮と、その上にのびる長さ1629mの大鳴門橋。 2 大鳴門橋の車道の下にある海上遊歩道「渦の道」。45mの高さから渦潮を見下ろせる。 3 大鳴門橋と夕日。橋は、将来的に新幹線を通すことができるよう2層式。

3

中国・四国

Travel Plan 85

なるとのうずしお
鳴門の渦潮

徳島県／鳴門市

なるとのうずしお
鳴門の渦潮

http://www.naruto-kankou.jp

旅の目安

- アメージング度
- 難度
- 予算

5万〜
（大人1人当たりの予算）

徳島県鳴門市／
兵庫県南あわじ市

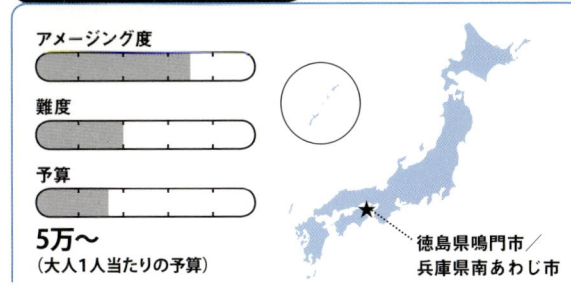

アクセス
JR徳島駅から徳島バス鳴門公園線が徳島阿波おどり空港（35分）経由で鳴門観光港まで1時間10分、鳴門公園まで1時間15分。うずしお観潮船に乗るなら鳴門観光港か、その先の亀浦口（かめうら）下車、架橋記念館エディへは終点の鳴門公園下車。神戸淡路鳴門自動車道・鳴門北ICから鳴門公園まで車で約5分。大鳴門橋（神戸淡路鳴門自動車道）は駐停車禁止。自動車専用道路のため、徒歩や自転車で橋を渡ることはできない。

問い合わせ先
鳴門市うずしお観光協会　☎088-684-1731

ベストシーズン
毎年2月下旬〜3月上旬に「渦開き」が行われ、春の観光シーズンがスタートする。渦潮観光は通年できるが、潮流の激しい春がベストシーズン。

迫力のある渦が見られる、春の大潮が狙い目

名物＆名産品
「鳴門わかめ」が名産品。ほかに「鳴門金時（サツマイモ）」、「鳴門鯛」など。郷土料理では、細めで柔らかく、でこぼこした麺が特徴の「鳴ちゅるうどん」などがある。

旅のワンポイント
鳴門発の観潮船は、渦潮の上まで行くことのできる大型船、水面下1mの展望室から海中の渦潮の様子を観察できる水中観潮船、高速観光船の3隻が運航している。「北流」、「南流」が約6時間おきにそれぞれ1日2回繰り返され、その潮流最速時の前後1時間半が渦潮の見られるチャンス。干満の差が激しい大潮（新月や満月の頃）では大きな渦潮が期待できる。観潮船のHPでベストタイムをチェックしてから出かけよう。

世界三大潮流と複雑な地形の産物

徳島県と淡路島の間に位置し、北の播磨灘（はりまなだ）と南の紀伊水道を結ぶ鳴門海峡。幅約1.4kmと狭く、中央はV字型に深く落ち込み、水深は最大で約90mにもなる。その独特な地形と、月の引力による潮流の流れが渦潮を生み出す要因となっている。満潮になると播磨灘と紀伊水道には最大1.5mもの水位差が生じ、海峡に潮流が一気に流れ込む。その速さは11ノット（時速約20km）にも達し、世界三大潮流のひとつに数えられる。中央部を流れる速い潮流に、両側の浅い部分を流れる遅い流れが巻き込まれることでいくつもの渦が発生。大潮などの状況により最大直径15mもの渦潮が発生することもある。

86

瀬戸内海の海上交通の要所 “潮待ち風待ち”の港

鞆《とも》の浦《うら》・仙酔島《せんすいじま》

広島県／福山市

港を見守る鞆の浦のシンボル「常夜燈（とうろどう）」は1859年に建てられたもの。

大
cafe

日本で最初の国立公園に指定された、美しい風景と古い町並みに癒されます。

1港町の面影を残す鞆港周辺の町並み。 2医王寺から太子殿へ上る途中の眺め。 3江戸時代に客殿として建設された福禅寺の対潮楼からの絵のような風景。 4保命酒醸造蔵など9棟からなる豪商・太田家住宅は国の重要文化財。

http://fukuyama-kanko.com

Travel Plan 86

鞆の浦《とものうら》・仙酔島《せんすいじま》

広島県／福山市

旅の目安

アメージング度

難度

予算

5万～
(大人1人当たりの予算)

瀬戸内海の中央に位置 2000年の歴史を持つ港町

昭和9年(1934)に日本で初めて国立公園に指定された瀬戸内海国立公園のほぼ中央に位置する鞆の浦は、江戸時代から海上交通の要所として繁栄を極めた。鞆の浦という呼び名には、鞆港《ともこう》を中心に広がる鞆町鞆地区の市街地と、仙酔島のほか、周辺に散らばるつつじ島、皇后島、弁天島、津軽島などが含まれる。町内にはかつての面影を残す商家や船宿、城跡などの名所・旧跡、由緒ある寺院などが点在し、歴史散歩が楽しめる。一方、鞆の浦から連絡船で約5分の仙酔島は、1周6kmほどの自然豊かな島。ハイキングや海水浴に訪れる人が多く、さまざまな湯船を備えたスパ施設もある。

アクセス

鞆の浦まで、広島空港から車で約1時間。山陽自動車道・福山東ICから国道182号・県道22号経由で約30分。JR山陽新幹線福山駅からトモテツバスで約30分、タクシーで約25分。鞆の浦から仙酔島へは連絡船で約5分。

問い合わせ先

鞆の浦観光情報センター　☎084-982-3200
福山観光コンベンション協会　☎084-926-2649

ベストシーズン

約380年続く鯛網のはじまりを告げる「観光鯛網」の行事

通年楽しむことができるが、歴史散策なら気候のいい春や秋、仙酔島での海水浴なら夏がおすすめ。毎年5月には「鞆の浦観光鯛網」が開催される。鞆の浦と尾道の間を約55分で結ぶ海上クルージングは3月中旬～11月下旬の運航。

名物&名産品

鞆港で水揚げされる「さくら鯛」が名物。刺身や干物のほか、鯛飯、鯛茶漬け、鯛ラーメンなどが味わえる。おみやげでは、万治2年(1659)に中村吉兵衛に生み出されたという、養命酒の元祖にあたる「保命酒」。現在も4軒の醸造所で受け継がれている。保命酒を使ったスイーツもある。

旅のワンポイント

鞆の浦観光情報センターから鞆の浦の主要なスポットを「ぐるっと観光」する1時間30分と2時間のコース、いろは丸事件の関連スポットを中心に巡る「幕末満喫、坂本龍馬めぐり」の2時間コース、「古寺・神社めぐり」の3時間コースの4つのモデルコースがある。まずは観光情報センターでマップやパンフレットを入手しよう。

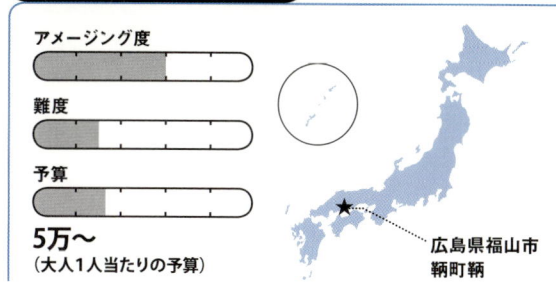

8月の「水の庭」。ヤナギやフジ棚に太鼓橋と、日本を愛したモネの感性が息づいています。

87

「光の画家」と呼ばれるモネの愛したスイレンの庭

「モネの庭《モネのにわ》」マルモッタン《マルモッタン》

高知県／北川村

1

2

3

1 フジの花が咲いた4月の「水の庭」。フランスの「モネの庭」の庭園管理責任者の指導のもとに完成した。2 紅葉に彩られた秋の「水の庭」。3 白いスイレン。8月の最盛期には300～400輪の白、赤、青といった色とりどりのスイレンが池に浮かぶ。4 モネが咲かせたいと願って叶わなかった青いスイレンは北川村で花を咲かせた。

4

http://www.kjmonet.jp

Travel Plan 87

「モネの庭」マルモッタン《「モネのにわ」マルモッタン》

高知県／北川村

旅の目安

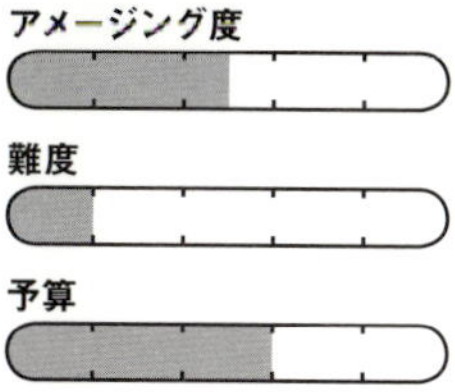

9万～
（大人1人当たりの予算）

アクセス

高知龍馬空港から車で約1時間、JR高知駅からは約1時間20分。JR高知駅から土佐くろしお鉄道で約1時間30分、奈半利駅下車後バスで約10分、モネの庭下車。高知自動車道・南国ICからは国道55号経由で約1時間10分。

問い合わせ先

北川村「モネの庭」マルモッタン　☎0887-32-1233

ベストシーズン

5月の「花の庭」のアーチ

開園は3月1日～1月初旬（休園日あり）。スイレンの花は4月下旬～10月下旬にかけて開花する。青いスイレンの花は6月下旬から開花し、7月下旬～9月中旬が見頃。ほかにチューリップ、フジ、バラ、ヒマワリ、ダリアなど、シーズンを通して1000種、10万本の花が咲く。

名物＆名産品

園内のギャラリー＆ショップでは、モネの作品の複製画を展示するほか、ミュージアムグッズやオリジナル商品を販売。モネの暮らした家のキッチンやダイニングをモチーフにした「モネの家」はランチメニューやドリンク、スイーツが揃うカフェ。地元名産のユズを使った手作りパンやシャーベットが味わえる手作り工房なども。

旅のワンポイント

スイレンの花は季節により咲く時間が変化するが、どの季節も午後には花が閉じはじめる。スイレンの開花に合わせて午前中に訪ねるのがおすすめ。園内は広く、見て回るのに約2時間はみておきたい。周辺には、坂本龍馬の盟友・中岡慎太郎にまつわる見どころがある。北川村温泉まで車で約30分、室戸岬まで約45分。

フランスの「モネの庭」を高知の自然の中に再現

印象派の巨匠クロード・モネは、43歳の時にフランスのジヴェルニーに移住し、86歳で生涯を閉じるまでそこで暮らした。モネが自らデザインした庭園の、池に浮かぶスイレンを描いたのが、代表作となる『睡蓮』の連作だ。北川村「モネの庭」マルモッタンは、1998年にフランスの「モネの庭」からスイレンの苗を譲り受け、2000年にオープン。“マルモッタン”はモネの『印象・日の出』を収蔵する、パリのマルモッタン美術館より名付けられた。園内には色とりどりのスイレンの浮かぶ「水の庭」のほか、「花の庭」、「光の庭」があり、散策しながらモネの愛した風景を感じることができる。

88

海に浮かぶローソクに
夕日の赤い火が灯る

隠岐島のローソク島《おきのしまのローソクじま》

島根県／島後（隠岐の島町）

ローソク島の高さは約20m。先端に夕日が着火するチャンスを見逃さないように！

透明度の高い海は海底までハッキリ見えるほど。キャンプ場もあるのでここでランチするのもいい。

[1] 青い海と岩と松の風景が美しい浄土ヶ浦。 [2] 白砂青松百選にも選定されている屋那の松原にある舟小屋群。約20棟の船の家が並ぶ。 [3] 約800年の伝統がある「牛突き」は迫力満点。場所を変えて年に数回開催される。 [4] 白島海岸に点在する岩のひとつ「象ヶ鼻」。 [5] 壇鏡神社と裏側から眺めた壇鏡の滝。落差40mで日本の滝100選に選ばれている。

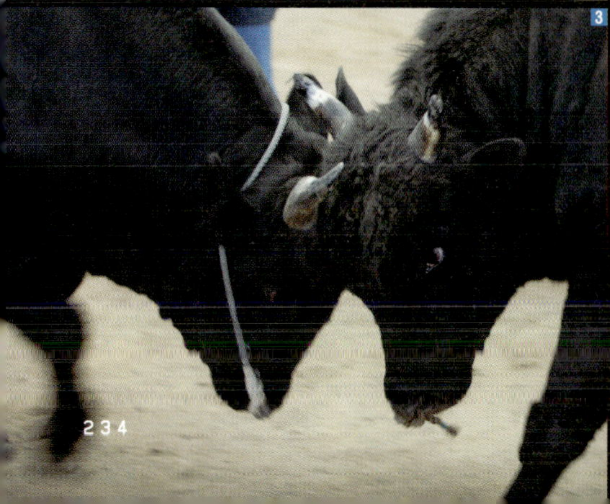

http://oki-dougo.info

Travel Plan 88

おきのしまのローソクじま
隠岐島のローソク島

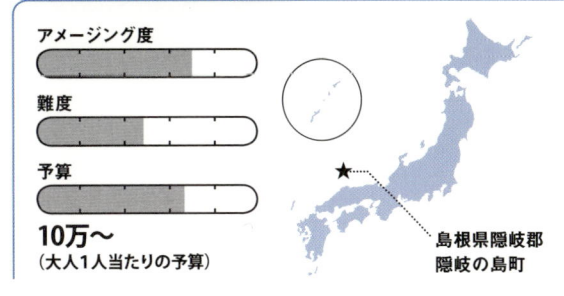

島根県／島後（隠岐の島町）

旅の目安

アメージング度

難度

予算

10万〜
（大人1人当たりの予算）

アクセス

大阪伊丹空港から隠岐空港まで約1時間のフライト。または、JR松江駅から連絡バスで約40分の七類から、西郷港（島後・隠岐の島町）まで高速船で約1時間10分。隠岐空港と西郷港は連絡バスで約10分。西郷港からローソク島遊覧船の出航する重栖《おもす》港まで車で約40分。

問い合わせ先

隠岐観光協会　☎08512-2-1577
隠岐の島町観光協会　☎08512-2-0787

ベストシーズン

ローソク島と遊覧船

ローソク島の夕日を見る遊覧船の運航期間は4〜10月。ベストシーズンは波が穏やかな5〜8月にかけて。日没に合わせて出航するため、季節により出航時間が異なるので事前に確認を。所要約50分。夕日を眺めるため、サングラスがあるといい。

名物＆名産品

隠岐諸島の名物
「隠岐ソバ」

島のそば粉を100%使用した、太くて短い「隠岐ソバ」が名物。揚げたり、卵でとじたサザエがのった「サザエ丼」も人気。その他、海産物や地酒もある。

旅のワンポイント

西郷港（または隠岐空港）に到着したらレンタカーかタクシーで屋那の松原・舟小屋群、壇鏡の滝など自然や展望スポットを巡りつつ、ローソク島遊覧船の出航する重栖港または赤崎岸壁（港）を目指す。夕日を見るなら1泊は必要。時間に余裕があれば、もう1〜2泊して隠岐4島を巡るのもおすすめ。

大海原に散らばる歴史と自然の諸島群

隠岐島とも呼ばれる隠岐諸島は、主要な4島と180を超える小島で構成される群島。島後《どうご》水道を隔てて島後と島前《どうぜん》に分けられ、島後は最大の隠岐の島町、島前は中ノ島(海士《あま》町)、西ノ島(西ノ島町)、知《ち》夫里《ぶり》島(知夫村)の3島からなる。聖武天皇の時代から遠流の島に定められ、平安時代の武将や貴族、後鳥羽天皇らも島に流された記録がある。そういった歴史から生まれた伝統文化が数多く残り、歴史的な見どころが点在する。また、内陸部には隠岐ジオパークにも認定された豊かな自然が広がり、浸食された海岸にはローソク島以外にも多くの奇岩がある。島ならではの、新鮮な魚介類も魅力だ。

89

江戸時代にタイムトリップ なまこ壁の土蔵と町家

倉敷美観地区《くらしきびかんちく》

岡山県／倉敷市

なまこ壁の土蔵が洋風の照明に照らし出される夜の美観地区は幻想的な雰囲気。

船頭さんの竹棹1木で
ゆっくりと進みます。

1

2

1川面から倉敷の町並みを眺められる「くらしき川舟流し」。 2蔵の一部はカフェやみやげ物屋になっている。 3明治21年(1888)に設立され、倉敷の発展に大きく関わってきた倉敷紡績(クラボウ)の記念館「倉紡記念館」。 4倉敷の春のイベント「倉敷春宵あかり」。さまざまな明かりの演出を楽しめる。 5右手の洋館は大正6年(1917)に倉敷町役場として建てられ、現在は観光案内所になっている倉敷館。

4

3

倉敷美観地区《くらしきびかんちく》

Travel Plan
89

倉敷《くらしき》美観《びかん》地区《ちく》

岡山県／倉敷市

旅の目安

アメージング度

難度

予算

5万～
（大人1人当たりの予算）

倉敷川沿いに続く江戸から明治の町並み

倉敷川沿いに建ち並ぶ、なまこ壁の土蔵や格子窓の町家が印象的な倉敷。一帯は倉敷美観地区に指定され、なかでも国の重要伝統的建造物群保存地区に選定されている倉敷川周辺は、江戸時代の面影を色濃く残している。江戸時代に幕府直轄地の天領となった倉敷は、倉敷川を利用した物資運搬の集積地として栄えた。川沿いには土蔵や町家が建てられ、今に見る町並みとなる。現在は一部が資料館などの見どころ、モダンなカフェやギャラリーなどになっている。鶴形山南麓の本町や東町にも古い町並みが保存されており、昔ながらの伝統や生活を感じながらの散策が楽しめる。

アクセス

岡山空港から空港連絡リムジンバスでJR倉敷駅まで35分。JR倉敷駅から倉敷美観地区まで徒歩15分。JR山陽新幹線岡山駅からJR倉敷駅までは、山陽本線または伯備線で15分。

問い合わせ先

倉敷観光コンベンションビューロー
☎086-421-0224

ベストシーズン

踊り手と観光客で賑わう「倉敷天領夏祭り」

通年楽しめるが、新緑の頃や、秋の紅葉の時期が気候もよくおすすめだ。毎年5月には「おもてなし」をテーマにしたイベント「ハートランド倉敷」が開催される。また7月下旬の「倉敷天領夏祭り」では、倉敷中央通りを舞台に「代官ばやし踊り」の群舞が盛大に行われる。

名物＆名産品

彩りも鮮やかな「岡山ばら寿司」

果物の生産が盛んで、ブドウのピオーネやマスカット、白桃が名物。海産物では瀬戸内海で捕れる小魚のママカリを使った「ままかりの酢漬け」、ちらし寿司の上にさらに具材をのせた「岡山ばら寿司」など。老舗の和菓子と言えば「むらすずめ」、「藤戸饅頭」。

旅のワンポイント

古い町並みが印象的な倉敷だが、南は瀬戸内海に面しており、鷲羽山からは瀬戸大橋を一望できる。同様に瀬戸内海に面した水島地区には日本有数の水島コンビナートがあり、きらめく工場夜景が人気の観光スポットになっている。

モデルルート

Day 1 徒歩と川舟で江戸情緒にひたる

AM10:00

JR 倉敷駅から倉敷美観地区へ

JR 倉敷駅から徒歩 15 分ほどで美観地区に入る。いったん、倉敷川沿いの倉敷館（観光案内所）まで行き、川舟乗船の予約を入れよう。

元は倉敷町役場として建てられた倉敷館

AM10:30

大原家を知り倉敷の歴史を知る

江戸から明治にかけての倉敷の発展と切っても切り離せない、倉敷紡績（クラボウ）を創業した大原一族。大地主であり、実業家として財をなした大原家が建築した旧大原家住宅は、江戸後期の面影を留める屋敷として国の重要文化財に指定されている。隣接して大原家の別亭有隣荘もある。向かいにある大原美術館は、昭和5年に設立された日本初の私立西洋美術館で、世界の巨匠の作品が多数展示されている。

ギリシア神殿風の大原美術館

旧大原家住宅は外観のみの見学

PM1:00

倉敷川から古い町並みを眺める

倉敷川を船頭さんが棹で漕ぐ舟でゆっくり進む「くらしき川舟流し」。川から眺める町並みは地上とは違った風情がある。所要約 20 分。

中橋のたもとから出発し、高砂橋～今橋を一周する

PM2:00

遺跡の出土品から世界の民芸品まで

倉敷を代表する、白壁の土蔵造り米倉を改装した倉敷考古館では、鷲羽山と周辺で発掘された遺跡を多数展示。建物も見応えのある倉敷民藝館には日本以外にも世界の民藝品約 1 万 5000 点を収蔵。全国の玩具を約 5000 点展示する日本郷土玩具館にも立ち寄ってみたい。

米倉だった建物を利用した倉敷民藝館

PM4:00

本町・東町から鶴形山散策

美観地区よりも古い、倉敷発祥の地でもある本町・東町。かつての街道だった通り沿いには昔の面影を留めた商家や町家が建ち並び、下町風情が残っている。その昔、瀬戸内海の島だったという鶴形山からは、倉敷の町並みを望むことができる。

鶴形山からの倉敷の眺め

✚オプション

幻想的な夜の倉敷散策

時間があれば夜の倉敷も楽しみたい。日没とともに美観地区には夜間景観照明が点灯。白壁の建物が浮かび上がり、川面が幻想的に照らし出される。世界的な照明デザイナーがプロデュースしたもので、日没～22 時（10 ～ 3 月は～ 21 時）まで点灯される。

昼の町並みもいいが、夜の美観地区もまた違った美しさ

島根・山口の観光地・恋風景20選にも選ばれている、ちょっとロマンチックな断崖です。

90

日本で最も美しいストライプの断崖

須佐ホルンフェルス《すさホルンフェルス》

山口県／萩市

1

1 ホルンフェルスを間近に見られるスポットまでは須佐駅から車で10分ほど。 2 須佐湾遊覧ではホルンフェルスのほかにも、観音岩、兜岩・鎧岩、屏風岩などの奇岩、雄島(天神島)などを見学できる。

2

http://kanko.susa.in

Travel Plan 90

須佐ホルンフェルス《すさホルンフェルス》

山口県／萩市

旅の目安

アメージング度

難度

予算

6万～
（大人1人当たりの予算）

入り組んだ入江と奇岩と断崖の景勝地

日本神話に登場するスサノオノミコトに由来するという須佐は、須佐湾に面した漁業の町。複雑に入り組んだ海岸線と島々を有する須佐湾は、国指定名勝・天然記念物に指定されている。沿岸には奇岩や海蝕洞に加え、須佐ホルンフェルスがある。この聞き慣れない言葉の語源はドイツ語で、角状に割れる岩石という意味のHorn（角）、Fels（岩石）に由来。熱によって生じる変成岩の一種だ。須佐ホルンフェルスの一部は砂岩層と泥岩層が変成岩に変化しており、美しいストライプの断崖になっている。日本の地質100選、21世紀に残す日本の風景遺産100選にも選定されている。

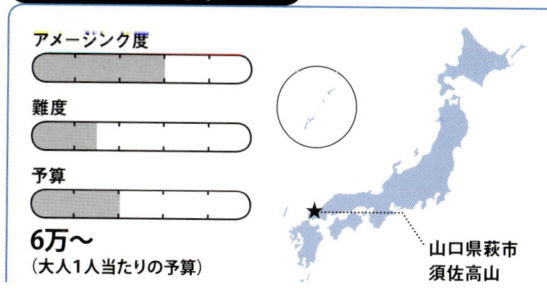

アクセス

JR須佐駅から須佐漁港の須佐湾遊覧船乗り場まで徒歩5分。萩・石見空港から車で約30分。

問い合わせ先

須佐観光協会　☎08387-6-2219

ベストシーズン

イカ釣り船による遊覧クルーズ

須佐湾遊覧船は4月29日～10月の運航。定期運航は期間限定なので事前に確認を。定期運航のない日は大人5人以上なら予約運航が可能。イカ釣りの漁船や瀬渡し船で遊覧できる。所要約1時間。

名物&名産品

一本釣りで釣り上げられるケンサキイカ「須佐男命《すさみこと》いか」がブランドになっている。シーズンの7～9月の土・日曜の午前中には直売市が開催され、活イカを購入できる。ほかにケンサキイカの沖漬けや一夜干しなどイカの加工品も。赤米、そばの栽培も盛ん。

旅のワンポイント

須佐湾には7つもの入江があり、無数の島々が浮かぶ

ホルンフェルスのある高山《こうやま》の山頂付近にある展望台からは須佐湾を一望できる。また山頂にある高山磁石石《こうやまじしゃくいし》は磁気を帯びた岩石で国の天然記念物に指定。車で約50分ほどのところに、毛利輝元の城下町として栄えた古い町並みが残る萩、山陰の小京都と呼ばれる津和野などの観光スポットがあり、セットで楽しめる。

91

修験者の気分になって日本七霊山を目指す

石鎚山《いしづちやま》と面河渓《おもごけい》

愛媛県／西条市・久万高原町

天狗岳のてっぺんからは瀬
戸内海から九州地方までの
大展望が広がります！

1
ここか石鎚山の最高峰・天狗岳。あと少し、がんばって登りましょう！

2 1 石鎚神社頂上社が鎮座する弥山の山頂。宿泊できる石鎚山頂上山荘もある。 2 弥山から見た天狗岳。足がすくむようなやせた岩場の尾根を登ること約15分で山頂に立つことができる。 3 石鎚山南麓にある面河渓。夏でも涼しく、秋は紅葉の名所として多くの観光客が訪れる。

3

http://www.city.saijo.ehime.jp・http://www.kuma-kanko.com

Travel Plan 91

石鎚山と面河渓《いしづちやまとおもごけい》

愛媛県／西条市・久万高原町

旅の目安

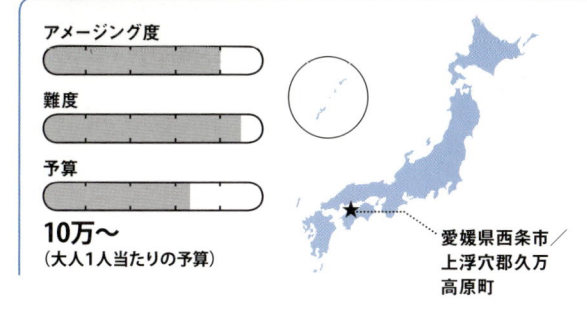

アメージング度

難度

予算

10万～
(大人1人当たりの予算)

愛媛県西条市／上浮穴郡久万高原町

四国の屋根と呼ばれる西日本最高峰

西日本最高峰を誇る石鎚山は、標高1982mの天狗岳を主峰に、弥《み》山《せん》、南尖鋒《なんせんぽう》の峰々からなる。古くから山岳信仰の山として崇められ、日本七霊山のひとつに数えられる。石鎚山をご神体とする石鎚神社は、山頂の頂上社、中腹の成就社と土小屋遥拝殿、山麓の本社の総称。さらに信仰の道場である極楽寺や霊場が点在し、白装束の修験者の姿も多く見かける。山頂からの眺めは雄大で、瀬戸内海、中国地方から九州の九重連山まで望むことができる。石鎚山系の面河山の南山麓には、四国最大級の渓谷、面河渓が横たわる。清流や滝、青い水をたたえる淵など、美しい景観を満喫できる。

アクセス

石鎚山の表参道である石鎚登山ロープウェイ山麓下谷駅まで、松山自動車道・小松ICまたは西条ICから車で約1時間。JR伊予西条駅からせとうちバス西之川行きで約1時間、ロープウェイ前下車。面河渓へは松山ICから車で約1時間20分。松山空港から松山ICまでは車で約25分。

問い合わせ先

西条市観光物産課　☎0897-52-1446（石鎚山）
久万高原町観光協会　☎0892-21-1192（面河渓）

ベストシーズン

石鎚山では10月上旬から山頂より紅葉がはじまり、山頂付近は10月10日前後が見頃。毎年7月1～10日に「お山開き」の例祭があり、全国から登拝者が訪れる。ただし7月1日は、女性は成就社までしか行くことができない。山頂付近は5月上旬まで残雪がある。面河渓は紅葉の名所として知られ、10月下旬から11月初旬にかけて渓谷を彩る紅葉が楽しめる。

名物＆名産品

西条の名物は石鎚山の麓に古来から伝わる発酵茶の「天狗黒茶」。独特の香りと酸味が特徴。ほかに、石鎚山がもたらす地下水「うちぬき」で育った伝統野菜「絹かわなす」など。久万高原は高原野菜やフルーツの栽培が盛ん。味わい深い「久万茶」も名産品だ。

旅のワンポイント

表参道と呼ばれる代表的な登山ルートは、石鎚登山ロープウェイを利用して標高1450mにある成就社へ行き、そこから山頂に登る。成就社から所要3～4時間。途中、一の鎖～三の鎖までの3つの鎖場がある。

すべての鎖場には迂回路もある

金運スポットとして人気の
瀬戸内海・有明浜に現れる謎の巨大砂絵

92

銭形砂絵《ぜにがたすなえ》

香川県／観音寺市

アクセス▶JR観音寺駅から車で3分。または高松自動車道・さぬき豊中ICから国道11号・県道5号などを経由して約15分。

問い合わせ▶観音寺市商工観光課
☎0875-23-3933

所在地▶香川県観音寺市有明町14

琴弾《ことひき》公園の山頂展望台から有明浜を見下ろすと、巨大な「寛永通宝」が瀬戸内海を背景に松林の中に浮かび上がる。この銭形砂絵が造られたいきさつは諸説あるが、謎が多い。寛永10年（1633）に丸亀藩主生駒高俊公が領内巡視の折り、これを歓迎するために一夜にして造られたとも言われるが、寛永通宝が流通しはじめるのは銀の生産が増した寛永13年からなので矛盾が残る。400年近く残っており、市民の手で年2回、砂ざらい（化粧直し）が行われる。東西122m、南北90mと楕円形をしているのは、展望台から見るとちゃんと円形になるように計算されたもの。文字の窪みは約2mと、スケールの大きなお金だ。この銭形を見ると健康で長生きし、お金に不自由しないと伝えられ、人気の金運スポットに。毎日、日没から22時までライトアップされる。

|---|---|
	[沖縄] P.252
94	軍艦島（端島）
	[長崎] P.258
95	河内藤園
	[福岡] P.264
96	阿蘇山と仙酔峡
	[熊本] P.268
97	佐賀バルーンフェスタ
	[佐賀] P.274
98	別府八湯の鉄輪温泉
	[大分] P.278
99	高千穂峡
	[宮崎] P.284
100	屋久島
	[鹿児島] P.288

AMAZING SPOT 100
KYUSYU & OKINAWA

九州・沖縄

93

コバルトブルーの海に浮かぶ サンゴのカケラの島

バラス島《バラスとう》

沖縄県／竹富町西表島

年により形が変わるバラス島。西表島と鳩間島の間にあり、遠くに見える平たい島が鳩間島です。

まわりの海は透明度バツグンでスノーケルが楽しい！

バラス島《バラスとう》

1歩くとザクザクする、サンゴの欠片でできた島。干潮・満潮により大きさが変わるが、よほど大きな台風が来ない限り消えてしまうことはない。2スノーケリングを考えて作られた快適な船でバラス島へ（マリンサービス パッソの船）。3水面下すぐのところに広がる水族館のような風景。デバスズメダイの群れが泳ぐ。4周辺には造礁サンゴのお花畑が広がるスノーケリングスポットが点在。

Travel Plan 93

バラス島《バラスとう》

沖縄県／竹富町［西表島《いりおもてじま》］

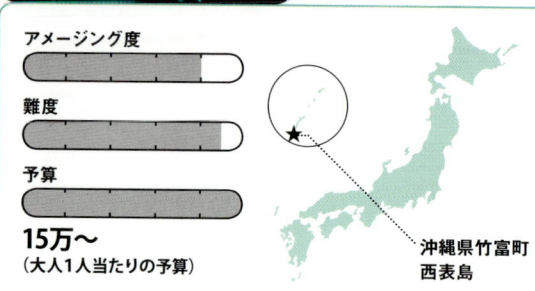

八重山諸島の中でも海の美しさはピカイチ

ダイビング用語でサンゴの死骸をバラスといい、バラス島はサンゴの欠片が潮の流れで集積してできた砂州。風や波により形が変わり、台風や嵐で消えてしまうこともある。沖縄本島の南西に散らばる八重山諸島最大の島・西表島の沖合にあるバラス島は、幅約5m、長さ約100mほどの細長い形をしており、日が差すと、コバルトブルーの海に真っ白な陸地が浮かび上がる。周辺の海は造礁サンゴが海底を埋め尽くし、ブルーに輝くデバスズメダイやエンジェルフィッシュなど南国の魚が泳ぎまわる様子はまるで水族館。ほかにもカクレクマノミ、時にはウミガメが見られることもある。

旅の目安

アメージング度

難度

予算

15万～
（大人1人当たりの予算）

アクセス

南ぬ島《ぱいぬしま》新石垣空港から車で約25分、路線バスで約45分の石垣港離島ターミナルから西表島の大原港までフェリーで約35分、上原港まで約40分。大原港と上原港の間は車で約50分の距離。西表島からバラス島まではツアーに参加して行く。上原港からツアーの船で約10分。

問い合わせ先

竹富町観光協会　☎0980-82-5445

ベストシーズン

日陰はまったくない

海が穏やかな5月中旬～10月中旬がベストシーズン。ただし、7～9月は台風シーズンなので気象情報に注意。冬は風が強い日があるが、バラス島へは通年行くことができる。特に夏は、日焼け対策をしっかりと。日焼け止め、帽子、水着の上に着用するUVカットのラッシュガードやレギンスなどがあるといい。

名物＆名産品

島内で生産されたサトウキビで造る「西表黒糖」、西表島の水を仕込み水に使った泡盛「いりおもて」、日本最南端の黒米である「古代米」、パイナップルなどのほか、イリオモテヤマネコのイラストが描かれたTシャツやステッカーがおみやげとして人気。

旅のワンポイント

バラス島へのツアーは数社が行っており、午後からの半日コース、鳩間島へ立ち寄る1日コースが一般的。バラス島でのサンセットが楽しめるコース（夏の期間のみ）や星空ツアーなども催行している会社もある。ツアー会社により内容が違うので事前に確認を。

モデルルート

Day 1 石垣港から西表島へ 大原港から王道観光

AM8:45

マングローブの川を 遊覧船でクルーズ

石垣島から船で大原港に着いたら、レンタカーで仲間川マングローブクルーズへ。マングローブ林とサキシマスオウの木を見て約1時間10分（潮位によりサキシマスオウの木まで行けない場合も）。その後、西表野生生物保護センターへ。特別天然記念物と国内希少野生動植物種に指定されているイリオモテヤマネコの保護活動の拠点となる施設で、はく製などを展示。

仲間川遊覧で西表の自然を楽しむ

AM11:15

水牛車に揺られ 海峡を渡って由布島へ

由布島へ渡る水牛車で片道約15分。由布島は周囲2kmほどの小さな島で、全体が亜熱帯植物楽園由布島となっている。島内には蝶々園や茶屋がある。

由布島まで約400mほどの浅瀬を行く

PM2:00

浦内川をさかのぼり ふたつの滝を目指す

浦内川観光の遊覧船でマリユドゥの滝とカンピレーの滝へ。上流の船着場からふたつの滝へトレッキング。14時発の最終便では所要1時間30分と、通常より30分短いので、確実にふたつの滝を見るならそれ以前の便に乗れるようにしたい。上原まで行って宿泊しよう。

滝までは約45分のトレッキング

Day 2 バラス島・鳩間島 スノーケル1日ツアー

AM8:45

バラス島と鳩間島で 美しい海を満喫

船は9時30分に上原港を出航し、約10分でバラス島に到着。スノーケリングと島散策をして、サンゴやカメに会えるポイントに移動。12時に鳩間島に上陸する。ランチ後は海岸線や島内を散策して、再びボートでスノーケリングポイントへ。15時15分に上原港に向け出港。

沖縄の懐かしい風景が残る鳩間島

PM4:00

星砂の浜で 星の砂を探そう

上原から3～4kmの西表島最北のビーチ、星砂の浜。名前のとおり星の形をした星砂が見られる。時間があれば祖納地区の、東経123度45分0.700秒にある子午線モニュメントへも行ってみよう。

星砂と言っても有孔虫の殻が打ち上げられたもの

Day 3 沖縄最長の落差を誇る ピナイサーラの滝ツアー

AM9:30

カヌーとトレッキングで 滝を目指す1日エコツアー

ピナイサーラの滝にカヌーとトレッキングで行くツアー。集合してからカヌーの講習を受け出発。滝壺で泳いだ後は、滝の上を目指して約1時間のトレッキング。滝の上でランチを楽しみ、戻るのは16時頃。半日ツアーもある。

落差55mの沖縄最大のピナイサーラの滝上より

94

日本一の人口密度から無人島になった島

軍艦島《ぐんかんじま》（端島《はしま》）

長崎県／長崎市

大きさは南北約 480m、東西約 160m、周囲 1.2km。明治 30 年以降、周囲を埋め立てて拡張し、軍艦のような姿に。

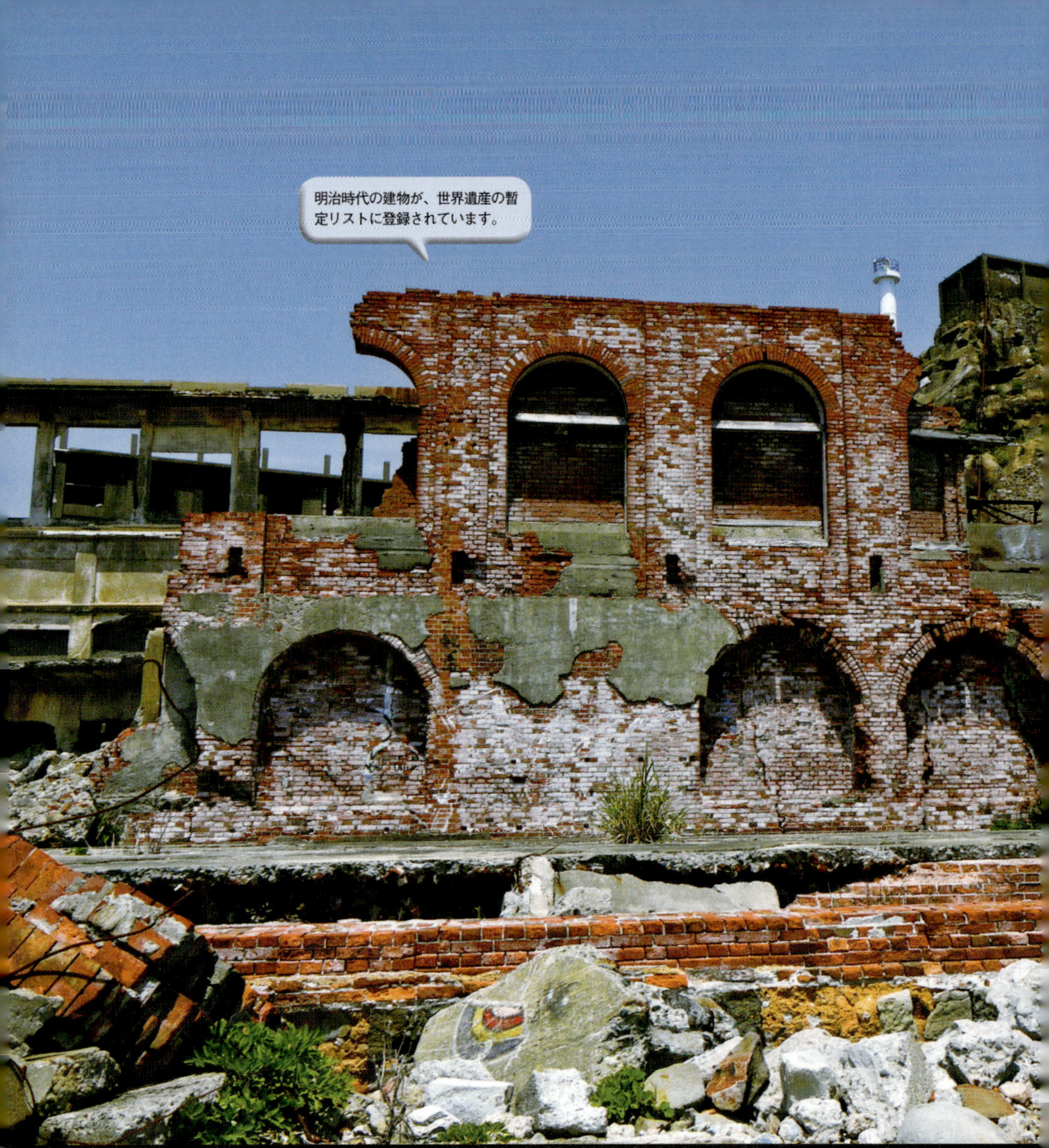
明治時代の建物が、世界遺産の暫
定リストに登録されています。

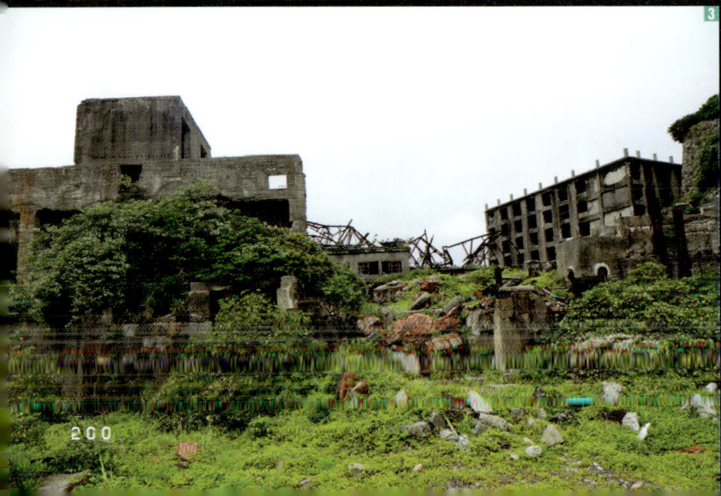
3

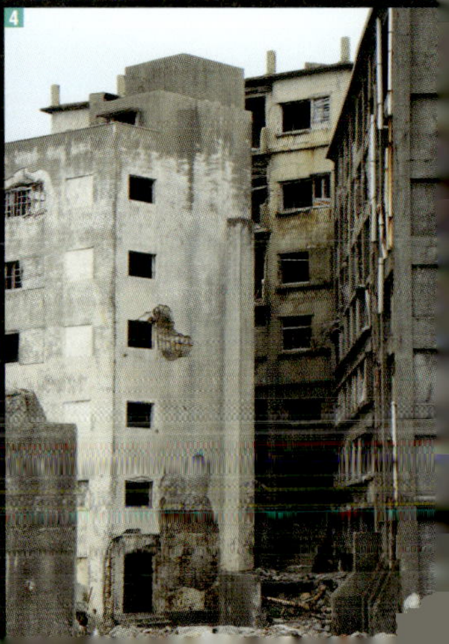
4

軍艦島《ぐんかんじま》（端島《はしま》）

1

2

1第2見学広場から見られるレンガ造りのかつての総合事務所。右に地下約900mもの竪坑への入口があった。2もぬけの殻となった高層コンクリート住宅。この地域へは立ち入ることはできない。3第1見学広場から旧市街を望む。かつて植物は1本もなかったそうだが、今は緑が島を覆う。4壁のように建ち並ぶ30号棟・31号棟のアパート。第3見学広場にて。5桟橋近く。石炭が運ばれたベルトコンベアー跡が見える。

5

Travel Plan 94

軍艦島《ぐんかんじま》(端島《はしま》)

長崎県／長崎市

旅の目安

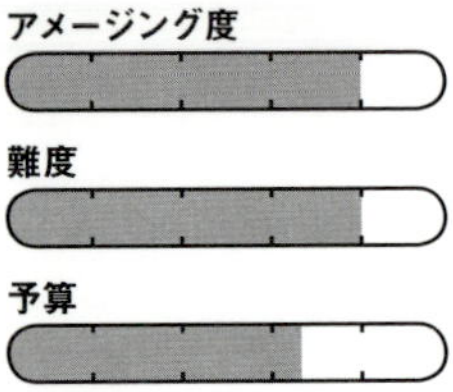

10万〜
(大人1人当たりの予算)

都市機能がすべて揃った日本で最初の近代都市

長崎港の南西17.5kmの海上に浮かぶ軍艦島こと端島。この島で本格的な石炭の採掘がはじまったのは明治23年（1890）。大正5年（1916）に日本初の鉄筋コンクリート造りの4階建てアパートが建ち、昭和20年(1945)には島内最大の7階建て(のちに一部10階建てに増築)アパートが完成した。最盛期の昭和16年(1941)には41万tもの石炭が出炭され、昭和35年(1960)の人口は5267人と日本一の人口密度を記録した。しかし、国のエネルギー転換政策により石炭産業は衰退し、昭和49年(1974)に閉山、無人島となる。2009年より見学通路に限り、上陸・見学できるようになった。

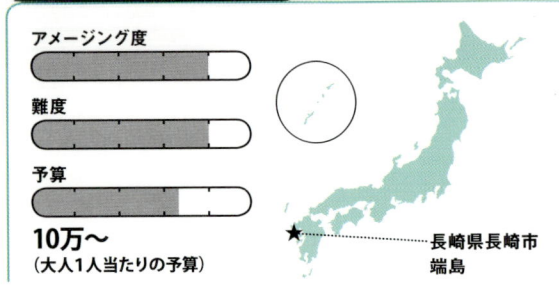

アクセス

軍艦島上陸ツアーの船は長崎港から出航する。クルーズ運営会社によって集合場所が異なるので注意。長崎港ターミナルへは、JR長崎駅の駅前から路面電車を利用して、大波止または大浦海岸通り下車。大波止へは長崎空港からリムジンバスで40分。車は長崎自動車道・長崎ICから、ながさき出島道路経由で約7分。

問い合わせ先

長崎市観光政策課　☎ 095-829-1152
長崎市コールセンターあじさいコール　☎ 095-822-8888

ベストシーズン

風速が秒速5mを超えるとき、波高が0.5mを超えるとき、視程が500m以下の、いずれかに該当する場合には上陸ができない。天気が良くても、うねりがあると上陸できないことがある。上陸できない場合の代替えプランを用意している船会社もある。

名物＆名産品

長崎県のなかでも伝統料理や名物料理の多い長崎市。アジやタイなど近海の海の幸はもちろん、円卓に大小の鉢がずらりと並ぶ「卓袱《しっぽく》料理」、「長崎ちゃんぽん」、「皿うどん」、「トルコライス」など。長崎カステラはみやげの定番。

旅のワンポイント

軍艦島上陸ツアーを行っている船会社は5社ある。高島海上交通のみ、伊王島経由(途中、高島にも立ち寄る)。どの船会社も軍艦島の上陸時間は40分ほどで、ガイドと一緒に見学コースを歩いて説明を聞く。見学通路は約220mの長さ。傘は禁止なので天気のいい日は帽子、雨が降りそうな日はレインコートや雨合羽を用意しよう。安全のため底のしっかりした運動靴がおすすめ。

モデルルート

Day 1 異国情緒を楽しみ世界新三大夜景を堪能

AM11:00

路面電車に乗って国際都市長崎を観光

まずは国宝の大浦天主堂へ。1865年に建てられた木造のゴシック様式は、教会では日本最古。女性が隠れキリシタンであることを神父に話し、「信徒発見」の舞台となった。

かつては「フランス寺」と呼ばれていた

AM12:00

長崎を代表する観光スポットへ

大浦天主堂から徒歩ですぐのグラバー園はグラバー、リンガー、オルトなど、近代日本に深く関わった貿易商の明治期の旧邸を移築した施設。園内には珍しい洋館があり、日本初の西洋料理店「旧自由亭」でカステラとコーヒーなどを楽しむこともできる。

ガーデンの美しい園内。長崎港が一望できる

PM1:00

ランチは名物のちゃんぽんや皿うどん

電停大浦天主堂すぐのところに、長崎ちゃんぽん発祥の店「四海樓」の立派な建物がある。もしくは市電で築町まで戻り新地中華街に行けば、ちゃんぽん自慢の店がたくさんある。

「四海樓」のちゃんぽん

PM2:30

中島川に架かる石橋群を見学

寛永11年(1634)に架けられた、日本初で日本最古の「眼鏡橋」をはじめ、趣のある橋が架かる中島川沿いを散策。パワースポットで人気のハートストーンを探してみるのも。

国の重要文化財に指定されている「眼鏡橋」

日没前

稲佐山山頂で世界新三大夜景を

香港、モナコと並ぶ世界新三大夜景に輝いた長崎の夜景(→P.164)。ロープウェイで5分の稲佐山山頂展望台から、1000万ドルの眺めを楽しみたい。市内の大浦天主堂やグラバー園のライトアップもあるので、夜の散策もおすすめ。

長崎湾を縁取る街灯りがロマンチック

Day 2 軍艦島と平和公園で日本の歴史を知る

AM9:00頃

軍艦島上陸ツアーで近代遺産を見学

午前の軍艦島上陸ツアーに参加。クルーズ運航会社により多少時間が異なる。廃墟となった島に上陸し、かつて地下には炭鉱、地上には高層ビル、5000人以上が暮らしていた時代に思いを馳せる。長崎港への到着時間は12時～13時30分頃。

シーマン商会の「さるく号」では元住民のガイド、坂本さんが案内してくれることも

PM1:30

戦争の悲惨さを痛感平和公園で平和を祈願

船を降りたら歩いて出島へ。停泊する船を眺めながら、トルコライスやくじらカツなどのランチを食べて、市電に乗り平和公園へ向かう。長崎原爆資料館では、被爆の惨状の再現や核兵器の歴史などを展示。平和公園の北側にある平和記念像は長崎出身の彫刻家北村西望《きたむらせいぼう》作で、右手が原爆の脅威、左手が平和を表している。

世界平和の願いが込められている

旧浦上天主堂は爆心地から約500mのところに建っていた

95

トンネルの天井を彩る
藤色のグラデーション

河内藤園《かわちふじえん》

福岡県／北九州市

160mにわたって、頭上に無数のフジの穂が垂れ下がる藤のトンネル。おとぎ話の世界のよう。

1

1 80mと160mの2本のフジのトンネルのほか、800坪の大藤棚、藤棚の通路などもあり、まさにフジの花一色。2 見事に花を咲かせた藤ドーム。中に入って上を見上げてみよう。

2

Travel Plan 95

河内藤園《かわちふじえん》

福岡県／北九州市

世界中で話題になった藤のトンネル

ソーシャルネットワークで世界に発信され、絶景スポットとして世界中から注目を集める河内藤園。1850 坪もの栽培面積を誇り、22 種 100 本ものフジが植えられている。白からピンク、濃い紫まで、フジの花の色のバリエーションにも驚かされるが、なかには珍しい八重咲きのフジもあり、フジの花の奥深さを感じさせられる。天いっぱいにフジの花が咲く大藤棚、カラフルなフジの花が彩る藤トンネルや藤ドームなどどれも見応え満点。これだけのフジが見られるのも、1977 年の開園以来、毎日欠かさず手入れを続けてきた樋口さん一家の努力のおかげだ。秋には約 700 本のモミジの紅葉も楽しめる。

旅の日安

アメージング度

難度

予算

10万～
（大人1人当たりの予算）

アクセス

北九州空港から東九州自動車道・苅田北九州空港 IC ～山路 IC 経由で約 1 時間、大谷 IC からは約 15 分。JR スペースワールド駅から車で約 25 分。駐車場の台数が限られるためタクシー利用がおすすめ。

問い合わせ先

河内藤園　☎ 093-652-0334

ベストシーズン

フジの花が見頃を迎えるのは 4 月下旬～ 5 月中旬。開花状況によって入場料が変わるので、最高の 1000 円の時がベストシーズンと言える。ただし、非常に混み合うので、早めの到着を目指したい。モミジが紅葉する 11 月中旬～ 12 月上旬にかけてもおすすめ。

名物＆名産品

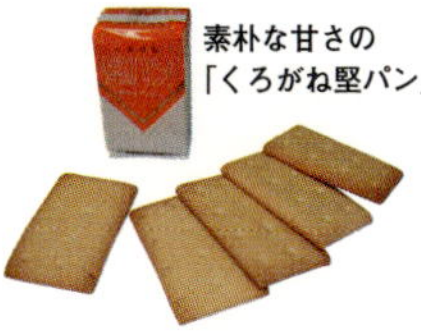
素朴な甘さの「くろがね堅パン」

大正末期、八幡製鉄所で働く職員のカロリー補給用に開発された「くろがね堅パン」が名物。歯が折れそうなほど堅いが、口に含むとほんのり甘い。市内のスーパーやキオスクで購入可能。福岡と言えば、明太子も名物。

✚モデルルート

北九州を代表する関門海峡へ

北九州の中心地、小倉や、レトロな町並みが残る門司港《もじこう》などとセットにした 1 泊 2 日コースがおすすめ。小倉城を見学した後に、JR 鹿児島本線で門司港へ。門司港では高さ 103m の、門司港レトロ展望室からの夜景もお忘れなく。

街道の起点として栄えた小倉城

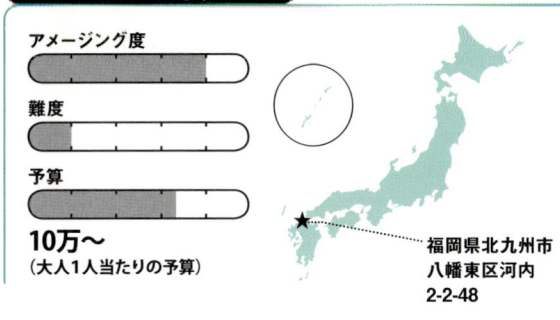

96

地球のパワーのバロメーター
世界最大級の活火山

阿蘇山《あそさん》と仙酔峡《せんすいきょう》

熊本県／阿蘇市

『天空の城ラピュタ』に出てくるような道として話題の「天空の道」。北側の外輪山をまたいでのびています。

縦の線は土塁と呼ばれるもので、牛や馬が乗り越えないよう築かれた土手なのです。

3

阿蘇山《あそさん》と仙酔峡《せんすいきょう》

1

2

1お椀を伏せたような美しい山容が印象的な米塚。高さ約80mで、山頂には火口の名残がある。 2仙人が酔うほど美しいことが名前の由来とされる仙酔峡。阿蘇山の北麓にあり、約5万本のミヤマキリシマが群生する。 3草原の中を走る国道265号の箱石峠から望む阿蘇・高岳。 4草千里ヶ浜で放牧されている「阿蘇あか牛」。自生する草を食べてのびのびと育つ。

4

雨水が溜まってできた自然の池での水浴びは気持ちイイ！

Travel Plan 96

阿蘇山《あそさん》と仙酔峡《せんすいきょう》

熊本県／阿蘇市

阿蘇ジオパークの複雑な地形を楽しむ

阿蘇は大型のカルデラ地形と、それを取り巻く東西約 18km、南北約 25km の広大な外輪山からなる活火山。カルデラ内には中岳、高岳、根子《ねこ》岳など、標高 1200 ～ 1500m 級の火口丘があり、正式には阿蘇五岳《あそごがく》、一般的に阿蘇山と呼ばれている。中岳には直径約 600 m の噴火口があり、噴火が沈静化している時期にはミルキーグリーンのカルデラ湖が現れる。カルデラ湖が消失し噴火口が発熱してくると噴火がはじまるサインだ。一帯は阿蘇くじゅう国立公園に指定され、山麓には天然記念物の草千里ヶ浜、ミヤマキリシマ群落地の仙酔峡などの見どころと、周辺には無数の温泉が点在している。

旅の目安

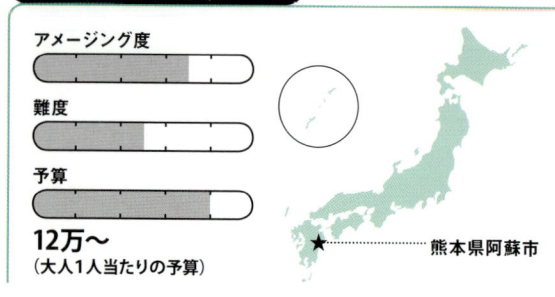

アメージング度

難度

予算

12万～
（大人1人当たりの予算）

アクセス

阿蘇くまもと空港から JR 肥後大津駅まで空港ライナーで 15 分。JR 肥後大津駅から阿蘇駅まで約40分。九州自動車道・熊本 IC から阿蘇中岳火口まで車で約 1 時間 45 分。JR 阿蘇駅前から草千里、中岳火口（阿蘇山西駅）を結ぶ産交バスの阿蘇火口線が運行している。JR 阿蘇駅から草千里まで約 30 分、阿蘇山西駅（阿蘇山上）まで約 35 分。

問い合わせ先

阿蘇市観光協会　☎ 0967-32-1960

ベストシーズン

山頂付近は真夏でも涼しく、緑の美しい夏期がベストシーズン。ただし、6 ～ 7 月は雨の日が多い。また 9 月末には初霜が降りることもあり、12 ～ 3 月にかけては氷点下となる日もある。仙酔峡のミヤマキリシマの群落は 4 月下旬～ 5 月中旬にかけてが見頃。

名物&名産品

阿蘇で誕生したブランド和牛「阿蘇あか牛」が評判。馬刺しも名物のひとつ。また、阿蘇高原の牧草で育つジャージー牛の「阿蘇小国ジャージー牛乳」はプリンやヨーグルトもあり人気。ほかに阿蘇高菜を使った高菜漬けが名物。

旅のワンポイント

阿蘇山に出かける前に、まず阿蘇火山西火口規制情報をチェックしよう。中岳火口まで阿蘇山ロープウェーを使って行くことができるが、火山活動が活発化すると運休となる。また、火山ガスの濃度により火口付近への立ち入りが規制されることがある。なお、ぜん息や気管支などに疾患のある人は、病状が悪化する恐れがあるため、火口付近には近づかないこと。

http://www.asocity-kanko.jp

モデルルート

Day 1 阿蘇の雄大な景色を満喫するドライブルート

AM10:00

ミルクロードを走って眺めのいい大観峰へ

空港からレンタカーでミルクロードと呼ばれる県道 339 号経由で大観峰へ。ミルクロードから県道 149 号に下る道が「天空の道」と呼ばれる絶景道路。ただし、農業用に使われる道であり、道幅が狭く急勾配、落石の危険もあるので注意が必要。ランチは大観峰を下った内牧温泉周辺で。大観峰の草原で育った「阿蘇あか牛」を味わおう。

阿蘇屈指のビュースポット大観峰からは阿蘇五岳が一望できる

PM2:00

ミヤマキリシマが咲き誇る仙酔峡

仙酔峡は阿蘇山の噴火による溶岩流が作った峡谷で、ミヤマキリシマが自生している。見頃となる 4 月下旬～5 月中旬は、斜面が鮮やかなピンク色で染まる。群生地の中の散策路を歩いて花見を楽しもう。

群生地は広く斜面にあるので、歩きやすい靴を履いて行きたい

PM4:00

草原の中を走り抜け温泉でゆったりくつろぐ

仙酔峡から国道 256 号を走り、眺めのいい箱石峠を越えて高森町へ。雄大な阿蘇山が一望できる休暇村南阿蘇にチェックイン。館内の温泉はアルカリ性単純泉で、肌に優しい美人の湯として人気。

露天風呂から阿蘇五岳が眺められる

Day 2 火の国熊本を象徴する阿蘇山の絶景を楽しむ

AM10:00

自然の息吹を感じる噴火口が間近に

阿蘇山の中岳火口へは、阿蘇山ロープウェーか、阿蘇山公園道路も利用できる。火山活動による立ち入り規制がされていなければ、噴煙を上げる火口のダイナミックな景観を見下ろすことができる。

エメラルドグリーンの火口湖。天候によって色が変化する

AM12:00

牛や馬が放牧されるのどかな風景に癒される

烏帽子岳の中腹に広がる草千里ヶ浜は、直径約 1km の円形の草原。雨水が溜まってできた池は牛や馬の水飲み場となっている。乗馬体験ができるほか、火山活動と歴史がわかる「阿蘇火山博物館」、レストハウスなどがある。

阿蘇を象徴する牧歌的な風景が広がる

PM2:00

かわいい形は阿蘇のランドマーク

阿蘇パノラマラインをさらに進むと、古墳のような山が見えてくる。米塚は人工的なものではなく、小さな火山だったものだ。阿蘇を創造した健磐龍命《たけいわたつのみこと》が米を積み上げて造ったという伝説が残っている。

草に覆われた米塚は夏はグリーン、秋は黄金色になる

PM3:00

垂直に落ちる美しく豪快な滝

阿蘇大橋から見られる落差 60m の豪快な数《す》鹿《が》流《る》ヶ滝は、その昔、狩りで追われた鹿が数頭、滝に落ちたことから名付けられたと言われる。滝展望所から迫力ある滝が見られる。

日本の滝 100 選のひとつ

97

空に舞う100機を超える色とりどりの熱気球

佐賀バルーンフェスタ《さがバルーンフェスタ》

佐賀県／佐賀市

最高高度はなんと 1200m。気球が舞う様子は、眺めているだけでも楽しめます。

気球は高さ約20m、直径約17mもの大きさ。嘉瀬川河川敷の約8km区間が会場となります。

http://www.sibf.jp

Travel Plan 97

佐賀バルーンフェスタ《さがバルーンフェスタ》

佐賀県／佐賀市

旅の日安

アメージング度

難度

予算

8万～
（大人1人当たりの予算）

国内外から熱気球が集まるアジア最大規模の大会

正式名称は、佐賀インターナショナルバルーンフェスタ。1978年に福岡県甘木市で開催されて以来、年々規模を拡大させ、現在はアジア最大規模へと発展した。飛行の際にはバーナーで球皮内の空気を暖め、その浮力で上昇。降下は球皮の排気弁から空気を排出し、球皮内の温度を下げることで行う仕組み。熱気球の競技をタスクと呼び、基本的なルールは、熱気球上から地上の目標めがけて砂袋を落とし、その着地位置の正確さを競う。タスクは20種類ほどあり、競技部門ではその合計点で優勝が決まる。風を読み、高さや地形などを把握し、いかに目的地点に近づけるかが勝負となる。

アクセス

大会期間中は会場内に臨時駅、JR バルーンさが駅が開設される。JR 佐賀駅から約 5 分。また、市内の各駐車場と会場間をつなぐシャトルバスも運行。会場隣接の駐車場もあるが、渋滞が見込まれるので、公共交通機関の利用がおすすめ。

問い合わせ先

熱気球大会佐賀運営委員会　☎ 0952-29-9000

ベストシーズン

開催期間は毎年 10 月下旬～ 11 月上旬の 5 日間。当日の天気や風の状況などで競技実施の可否と競技内容が決定する。天候の急変により中止となることも。競技は 6 時 30 分～と 15 時～の 1 日 2 部、それぞれ約 2 時間。競技部門のほかにも、キャラクターや動物型の気球が飛ぶバルーンファンタジア、気球がバーナーの炎でライトアップされる、ラ・モンゴルフィエ・ノクチューンなどのイベントが行われる。

名物&名産品

佐賀では「シシリアンライス」ば食べんしゃい

佐賀市のご当地グルメはご飯の上に炒めた肉と生野菜をトッピングし、マヨネーズをかけた「シシリアンライス」。市内約 30 の飲食店で味わえる。ほかに、「小城羊羹」、「嬉野茶」、「呼子のイカ」など。佐賀と言えば、伊万里焼や有田焼なども有名。

旅のワンポイント

会場は大きく 3 つに分かれ、気球が集まるのはローンチエリアだが、周辺からも飛行する気球を眺めることができる。河川敷の土手から眺めるなら、レジャーシートや折りたたみの小型椅子があると便利。日中の晴天時は日差しがまぶしいので、サングラスや帽子なども重宝する。

小高い場所にある「湯けむり展望台」から眺めた鉄輪温泉。

98

さすが日本一の温泉地
いたるところに湯けむり

別府《べっぷ》八湯《はっとう》の鉄輪《かんなわ》温泉《おんせん》

大分県／別府市

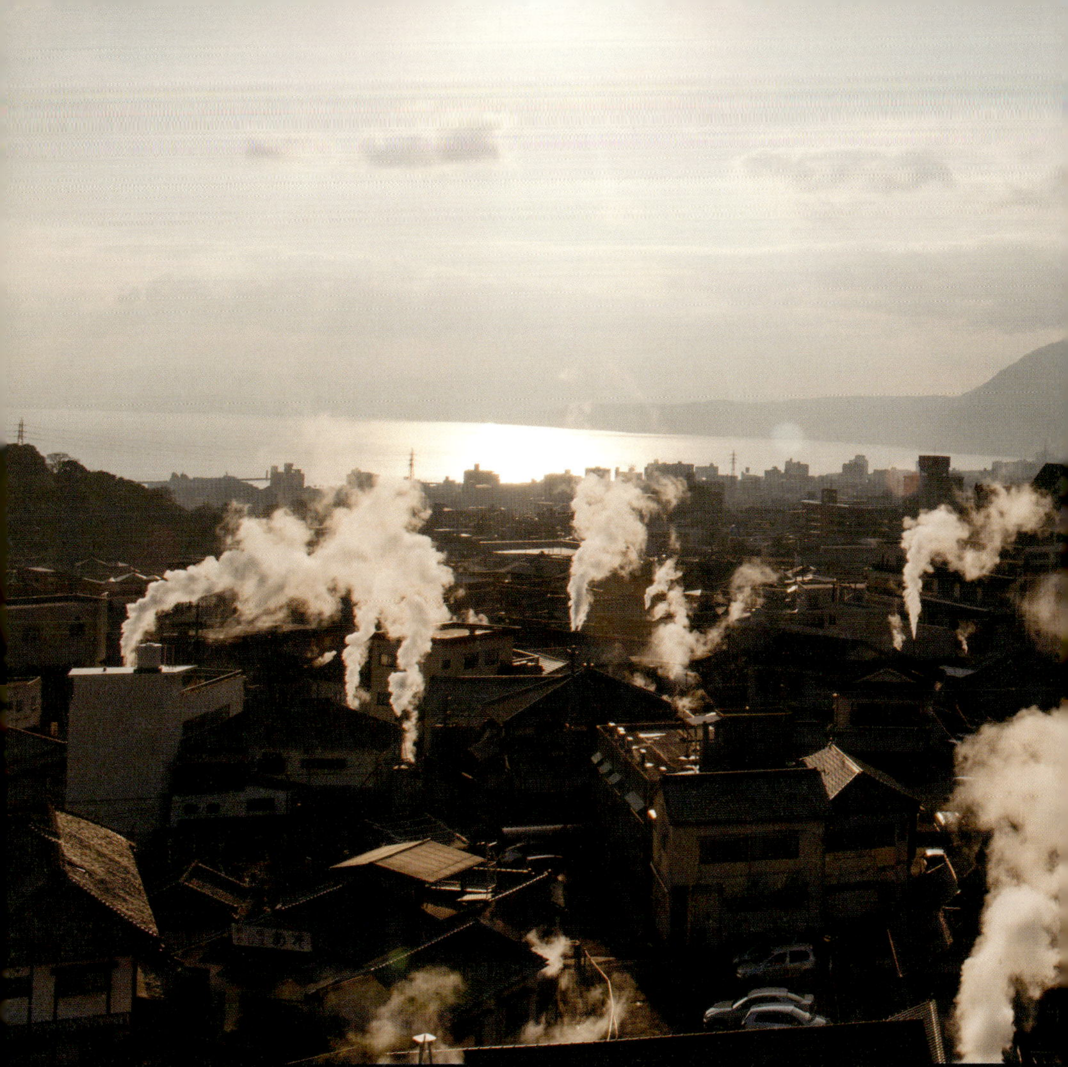

2 3

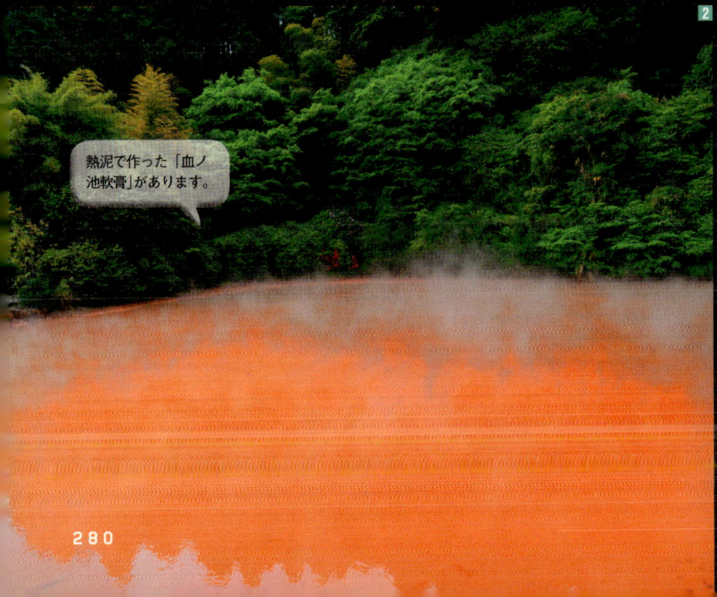
熱泥で作った「血ノ池軟膏」があります。

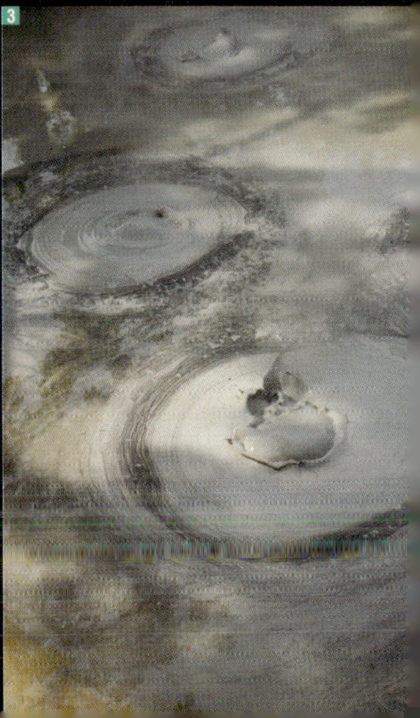

別府八湯の鉄輪温泉《べっぷはっとうのかんなわおんせん》

寒くて風のない日は、湯けむりが真っ直ぐ空へと立ち上る幻想的な風景を眺められます。

1 古い町並みのあちこちから湯けむりが上がる鉄輪温泉は2012年に「別府の湯けむり・温泉地景観」として、国の重要文化的景観に選定された。 2 酸化鉄や酸化マグネシウムにより赤い色となる「血の池地獄」。 3 泥の中に温泉がぼこぼこと湧き上がる「鬼石坊主地獄」。泉温は99℃以上ある。 4 鉄輪温泉の風情ある町並み。公共の温泉浴場が点在する。 5 コバルトブルーの色が美しい「海地獄」の泉温は98℃。敷地内の池ではオオオニバスや熱帯性スイレンが見られる。

Travel Plan

98

別府八湯の鉄輪温泉《べっぷはっとうのかんなわおんせん》

大分県／別府市

旅の目安

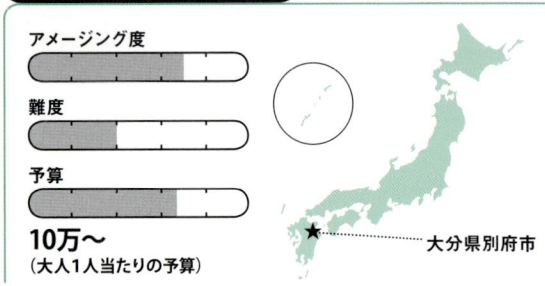

アメージング度

難度

予算

10万～
(大人1人当たりの予算)

約2300の源泉数に 10種類もの泉質がある

源泉数、湧出量ともに日本一を誇る別府温泉。鶴見連山から別府湾にかけて広がる約7kmの大地に、別府八湯と呼ばれる8カ所の温泉地が一大温泉郷を形成している。別府八湯とは別府温泉、浜脇温泉、観海寺温泉、堀田温泉、明礬《みょうばん》温泉、鉄輪温泉、柴石温泉、亀川温泉の総称。それぞれの温泉郷に泉質の違う複数の温泉が湧いており、鉄輪温泉の蒸し湯、亀川温泉の砂湯、明礬温泉の泥湯など入浴方法もいろいろ。8つの源泉地を巡る「地獄めぐり」も人気だ。平安時代から湯治場として利用されてきた歴史を持つ豊かな温泉資源は、入浴以外にも温泉療養や地熱学研究に活用されている。

アクセス

広範囲に点在しているため、温泉地によりアクセスは異なる。JR利用の場合は別府駅が拠点となる。大分空港から空港高速バスエアライナーで別府北浜まで45分、別府駅前まで50分。大分自動車道・別府ICから別府中心部まで車で約20分。福岡、神戸、広島などから高速バスも運行。大阪から別府国際観光港までのフェリーもある。

問い合わせ先

別府市観光協会　☎0977-24-2828

ベストシーズン

通年楽しめるが4～5月、9～11月あたりがベストシーズン。2～3月はオフシーズンとなり、宿泊施設も比較的空いている。4月上旬の「別府温泉八湯まつり」では、市内約100カ所の温泉の無料開放や火まつりなどのイベントが開催され、これを目当てに訪れる人も多い。

名物＆名産品

別府発祥の料理と言えば温泉熱を利用した「地獄蒸し料理」。明礬温泉の「地獄蒸しプリン」が大ヒットして以来、たくさんの「別府ぷりん」がある。ほかにも鶏肉の天ぷら「とり天」、「別府冷麺」、「だんご汁」などが名物。

鉄輪温泉「みゆき食堂」の「別府冷麺」

旅のワンポイント

別府八湯から厳選された約140湯のうち、88カ所の温泉施設を巡り、温泉道名人の認定を目指すスタンプラリー「別府八湯温泉道」がある。スパポート(100円)に8湯のスタンプが押されるごとに段位が上がっていき、申請すると記念のタオルや認定状がもらえる。気軽に初級(2湯)から始めよう。

http://www.beppu-navi.jp

モデルルート1

Day 1 日本一の別府温泉で さまざまな温泉体験

AM11:00 まずは亀川温泉で海辺の砂湯を体験

亀川温泉にある「別府海浜砂湯」は、上人ヶ浜の一角にあり、体に砂をかけて温まるという入浴方法。波の音を聞きながらリフレッシュできる。

砂湯に入る時間は15～20分。男女別の温泉浴場もある

PM1:00 別府発祥の大分名物とり天でランチ

大正時代にオープンした大分県最初のレストラン「東洋軒」がルーツとされるとり天は、今や別府のみならず、大分県を代表するご当地グルメ。各店それぞれにこだわりのとり天を味わえる。

JR別府駅近くにある老舗レストラン「グリルみつば」のとり天

PM2:00 ノスタルジックな温泉街を散策

JR別府駅周辺の商店街や路地裏を散策し、歴史ある竹瓦《たけがわら》温泉に入浴。別府駅周辺に宿泊するなら、地元ボランティアガイドのツアーに参加するのも楽しい。日によってプランがあるので問い合わせてみよう。

明治12年(1879)からの歴史がある竹瓦温泉。普通の温泉と砂湯がある

PM4:00 湯煙が上がる鉄輪温泉に宿泊

別府温泉の地獄めぐりの中心地、鉄輪温泉へはJR別府駅からバスで約20分。温泉街には共同浴場がいたるところにあり、タオルを持って温泉のはしごができる。毎週土・日曜の7～9時は「湯けむりライトアップ」がある。

一遍上人が開いたという温泉地。気軽に入れる"足蒸し"の蒸し湯もある

Day 2 「べっぷ地獄めぐり」で 別府の神髄に迫る

AM9:00 「海地獄」からスタート 6つの地獄を巡る

「海地獄」から徒歩で、坂道を下りながら「鬼石坊主地獄」、「山地獄」、「かまど地獄」、「鬼山地獄」、「白池地獄」の、鉄輪温泉にある6カ所の地獄を巡ろう。

フラミンゴやカバなどが飼育されている「山地獄」

一丁目から六丁目までさまざまな地獄がある「かまど地獄」

AM12:00 地獄蒸し体験でランチタイム

温泉街にある「地獄蒸し工房鉄輪」では、野菜や魚介類を温泉の蒸気で蒸す昔ながらの調理法「地獄蒸し」を体験できる。食材を持参してもいいし、食材セットも販売している。

食材にもよるが15分ほどで蒸し上がる

PM1:00 食後は少し離れた残りの2つの地獄へ

「血の池地獄」と「龍巻地獄」は鉄輪温泉から車で10分ほどのところ。「血の池地獄」の赤い熱泥は皮膚病に効くといわれ、現在も「血ノ池軟膏」が売られている。噴出周期の短いことで世界有数の「龍巻地獄」はすぐ隣。

温泉の赤と周囲の緑が鮮やかな「血の池地獄」

「龍巻地獄」の間欠泉が噴出する間隔は30～40分間。石の天井がなければ50mほどの高さになるという

PM3:00 ユニークな泥湯の明礬温泉とプリン

鉄輪温泉から車で約10分の、明礬温泉の別府温泉保養ランドへ。硫黄の匂いが漂うコロイドの湯や滝湯、露天の大鉱泥浴場がある。保養ランドから車で3分の所には「地獄蒸しプリン」で有名な岡本屋旅館があり売店で購入できる。

野外の大鉱泥浴場のほかに屋内の泥湯もある

99

数々の神話が残る 断崖に挟まれた清流

高千穂峡《たかちほきょう》

宮崎県／高千穂町

落差 17m の真名井の滝の
近くまで手こぎボートで
行ってみよう！

1

2

1 下から見上げる柱状節理の壁は迫力がある。高千穂峡は昭和9年（1934）に名勝・天然記念物に指定された。 2 日本の滝100選にも選ばれている真名井の滝。 3 渓谷には「神橋」、「高千穂大橋」、「神都高千穂大橋」の3つの橋が架かっており、同時に見られる。

夏のシーズン中の日没後、真名井の滝と遊歩道がライトアップされます。

3

http://takachiho-kanko.info

Travel Plan 99

高千穂峡《たかちほきょう》

宮崎県／高千穂町

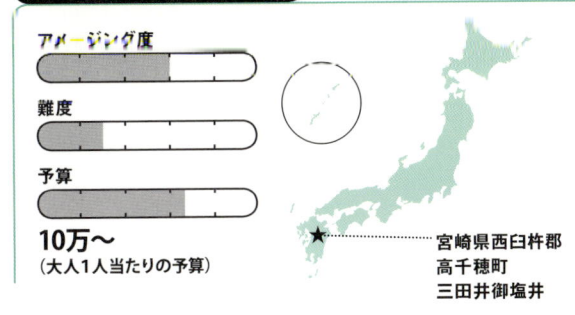

旅の目安

アメージング度

難度

予算

10万〜
（大人1人当たりの予算）

宮崎県西臼杵郡
高千穂町
三田井御塩井

柱状節理の壁と滝をボートから見上げる

高千穂峡は五ヶ瀬川沿いに約7kmにわたって続く渓谷。阿蘇から流れ出した火砕流が柱状節理を形成し、川の浸食を受けてV字渓谷となったもので、断崖の高さは平均80m、高いところで100mに達する。その断崖を流れ落ちる「真名井の滝」は高千穂峡のシンボル。手こぎボートで滝のすぐ下まで行くことができる。また、渓谷沿いには1kmの遊歩道が整備されており、渓谷に架かる3本のアーチ橋「高千穂三橋」から渓谷美を眺められるほか、「鬼八の力石」、「おのころ島」などの見どころが点在。それらひとつひとつに神話や伝説が語り継がれており、神話の里としても親しまれている。

アクセス

JR宮崎駅から1時間5分、延岡駅下車後、宮崎交通バスで高千穂バスセンターまで1時間20分。東九州自動車道・延岡ICから北方延岡道路、国道218号などを経由して約1時間。宮崎空港から東九州自動車道などを経由して約2時間30分。

問い合わせ先

高千穂町観光協会　☎0982-73-1213

ベストシーズン

4月下旬〜5月下旬の新緑の時期と、11月中〜下旬に最盛期を迎える紅葉の時期がピークシーズンとなる。夏のライトアップは7月中旬〜9月上旬にかけてで、夏の夜の夕涼みが楽しめる。

秋の紅葉は格別

名物＆名産品

高千穂で生まれ育った黒毛和牛「高千穂牛」を使った「高千穂牛めし」や「高千穂牛コロッケ」、ふっくらとした皮で肉を包んで蒸し上げた「鬼八饅頭」などが名物。また、宮崎と言えば地鶏やマンゴーが有名。

✚モデルルート

高千穂の代表的な見どころを巡る

天岩戸神社・天安河原〜高千穂神社〜高千穂峡〜国見ヶ丘を車で巡って所要約3時間。それぞれの移動距離は15〜30分。天岩戸《あまのいわと》神社は天照皇大神が隠れたという天岩屋を祀る神社で、近くの天安河《あまのやすが》原《わら》に大洞窟がある。標高513mの国見ヶ丘からは阿蘇五岳や祖母連山を一望。秋から初冬の早朝には雲海が見られることも。

天安河原の大洞窟

屋久島で最大の屋久杉「縄文杉」は周囲16.4m、高さ25.3m。推定樹齢は2600～7200年。

100

豊かな雨が育てる
巨木が立ち並ぶキセキの森

屋久島《やくしま》

鹿児島県／屋久島町

10畳ほどの切り株の中から外を見るとハート型に見えます。

屋久島《やくしま》

1

2

左頁：アメリカの植物学者ウイルソンにより世界に知られた「ウイルソン株」。 1 白谷雲水峡の上流に広がる自然休養林。「もののけ姫の森」とも呼ばれる一帯は、なにもかもが苔にコーティングされた瑞々しい緑の世界。 2 海に直接流れ落ちる「トローキの滝」とモッチョム岳。 3 存在感のあるウイルソン株。 4 樹齢1000年を超える天然杉が「屋久杉」と呼ばれる。

3

4

Travel Plan 100 世界遺産

屋久島《やくしま》

鹿児島県／屋久島町

「ひと月に35日雨が降る」水と緑と巨木の島

1993年に日本初の世界自然遺産に登録された屋久島。豊かな植物相が織りなす古代からの森が高く評価された。周囲約130kmの屋久島は標高1936mの宮之浦岳を主峰に山岳地帯が広がり、洋上のアルプスとも称される。海岸線は南の島らしい亜熱帯気候地域だが、標高が高くなるにつれ様子は一変し、山頂付近は積雪が観測される日本最南端だ。海からの湿った風が山の上空で冷やされることで大量の雨を降らせ、年間降水量は日本一。その豊富な水こそ、樹齢数千年という杉を育て、生き物たちにとって欠かせない独特な自然を造り上げてきた。島内には野生のヤクシカやヤクザルが生息する。

旅の目安

アメージング度

難度

予算

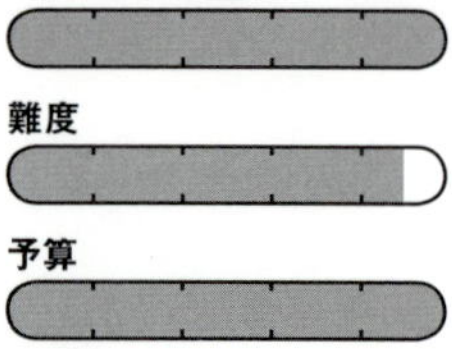

15万～
（大人1人当たりの予算）

アクセス

鹿児島空港から屋久島空港まで35分のフライト。鹿児島本港南埠頭から高速船トッピー＆ロケットが宮之浦港へ1日7往復運航、直行便で約1時間50分。またはフェリー屋久島2が1日1往復、所要約4時間。鹿児島本港南埠頭までは、鹿児島空港から鹿児島市内行きバスで約55分、高速船ターミナル前下車。JR鹿児島中央駅からは車で約5分。

問い合わせ先

屋久島観光協会　☎0997-49-4010

ベストシーズン

特に降水量が多いのは6月で、次いで3～5月と9月。しかし、年間170日雨が降る屋久島では、むしろ雨を楽しむぐらいの余裕で出かけたい。7～8月は観光客で混み合い、9月は台風シーズン、10月を過ぎると肌寒くなるので、4月下旬～7月上旬あたりが静かで緑も美しくおすすめ。

名物＆名産品

一本釣りで釣り上げ、船上で首を折って血抜きをするゴマサバ「首折れサバ」は屋久島のブランド品。おみやげ用に鯖スモークやなまり節などがある。トビウオも名物。飲み物では、本格焼酎「三岳」や「やくしま」、緑茶の「屋久島茶」など。名産のマンゴーやパッションフルーツを使ったスイーツも多い。屋久杉工芸品も豊富に揃う。

屋久島の芋を使った焼酎「三岳」

旅のワンポイント

いつ行くにしても雨具は欠かせない。また、宮之浦岳山頂付近の年間平均気温は6～7℃と低いので、夏でも防寒具が必携だ。宮之浦岳登山をするならしっかりとした登山の装備と服装で挑もう。世界遺産の屋久島は、植物の採集や野生動物へのエサやりは禁止されている。

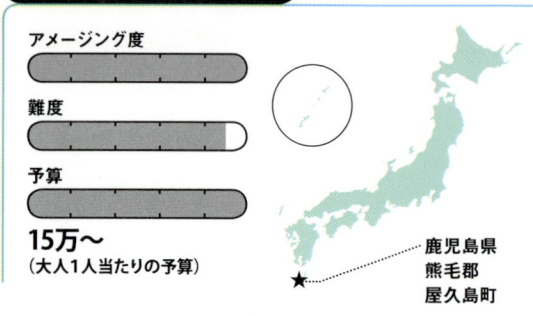

http://www1.ocn.ne.jp/~yakukan/

モデルルート

Day 1 屋久杉と滝からパワーチャージ

AM10:15

巨木が気軽に見られるヤクスギランドへ

空港からレンタカーでヤクスギランドへ向かう。その前に、空港の観光案内所で翌日の登山口までの、シャトルバスのチケットを購入しておこう。空港から車で約1時間、ヤクスギランドに到着。30分～2時間30分までの4コースがあり、千年杉や蛇紋杉、天柱杉などが見られる。じっくり歩きたい人は事前に水や行動食を用意しよう。ヤクスギランドから車で25分のところに樹高約20m、樹齢約3000年の紀元杉があるので余裕があれば足を運ぼう。

根の間をくぐることができる「くぐり杉」

PM4:00

森の水を集めて流れ落ちる2つの滝

鯛之川にある巨大な花崗岩から落ちる落差60mの滝。千人が手を広げたほどの大きさから「千尋《せんぴろ》の滝」と呼ばれる。展望台から迫力ある滝が一望できる。その先、鯛之川河口にある「トローキの滝」は落差は6mほどだが、海に流れ落ちるダイナミックな風景に圧倒される。

一枚岩を流れ落ちる「千尋の滝」

Day 2 縄文杉とウイルソン株に会いに行く

AM4:30

早朝からシャトルバスで登山口へトロッコ軌道を歩く

3～11月は車両規制があるので、屋久杉自然館から荒川登山口へはシャトルバスを利用。荒川登山口で登山届を提出し、トロッコ軌道を約8km歩く。高低差が少なく平坦な道だが、バテないようにゆっくり歩こう。途中、三代杉や仁王杉などの見どころがある。

トロッコ道は途中で小杉谷橋を渡る

AM8:00

トロッコ軌道終点から本格的な山道スタート

大株歩道入口からは山道となる。アップダウンもあるので自分のペースで休憩しながら登ろう。約40分でウイルソン株に到着。中には小さな祠があり、見上げると空がハート型に見える。

豊臣秀吉の命により切られたという屋久杉のウイルソン株

AM11:00

疲れも吹っ飛ぶ縄文杉との出会い

さらに進めば大王杉、そして縄文杉にたどり着く。あたりには名前の付いていない屋久杉の巨木もあり、その大きさと存在感に圧倒される。帰路は来た道を戻る、往復約10時間のトレッキングだ。ガイドツアーもある。

屋久杉の古木の中でも有名な「縄文杉」

+1 Day

白谷雲水峡《しらたにうんすいきょう》の苔むす森へ

宮之浦川の支流である白谷川の上流、「もののけ姫の森」とも呼ばれる苔むす森と、屋久杉の巨木が見られる白谷雲水峡のトレッキングコースもおすすめ。弥生杉を見ることができる1時間コースから、苔むす森まで行く往復5時間コースなど、何本かのルートがある。

苔に覆われた、一面緑の世界

AMAZING SPOT
日本の絶景&秘境 100
ひと目で分かるマッピング

中国・四国

- 84 鳥取砂丘 [鳥取] P.214
- 85 鳴門の渦潮 [徳島] P.220
- 86 鞆の浦・仙酔島 [広島] P.224
- 87 「モネの庭」マルモッタン [高知] P.228
- 88 隠岐島のローソク島 [島根] P.232
- 89 倉敷美観地区 [岡山] P.236
- 90 須佐ホルンフェルス [山口] P.242
- 91 石鎚山と面河渓 [愛媛] P.246
- 92 銭形砂絵 [香川] P.250

特集
- 41 だるま夕日 [高知] P.154
- 46 遊子水荷浦の段畑 [愛媛] P.157
- 48 角島大橋 [山口] P.158
- 49 江島大橋 [鳥取／島根] P.159
- 51 祖谷のかずら橋 [徳島] P.160
- 58 宍道湖の夕日 [島根] P.165
- 65 象岩 [岡山] P.169
- 67 宮島水中花火大会 [広島] P.170
- 73 秋芳洞 [山口] P.174

近畿

- 76 竹田城 [兵庫] P.178
- 77 四日市の工場夜景 [三重] P.184
- 78 祇園の町並み [京都] P.190
- 79 彦根城 [滋賀] P.196
- 80 新世界と道頓堀 [大阪] P.200
- 81 伏見稲荷大社の千本鳥居 [京都] P.204
- 82 東大寺 [奈良] P.208
- 83 橋杭岩 [和歌山] P.212

特集
- 30 吉野山の桜 [奈良] P.146
- 33 灘黒岩水仙郷 [兵庫] P.147
- 57 摩耶山からの夜景 [兵庫] P.164
- 62 那智の滝 [和歌山] P.167
- 64 虫喰岩 [和歌山] P.169

九州・沖縄

- 93 バラス島 [沖縄] P.252
- 94 軍艦島(端島) [長崎] P.258
- 95 河内藤園 [福岡] P.264
- 96 阿蘇山と仙酔峡 [熊本] P.268
- 97 佐賀バルーンフェスタ [佐賀] P.274
- 98 別府八湯の鉄輪温泉 [大分] P.278
- 99 高千穂峡 [宮崎] P.284
- 100 屋久島 [鹿児島] P.288

特集
- 36 生駒高原のカリフォルニアポピー [宮崎] P.150
- 44 星野村の棚田 [福岡] P.156
- 47 浜野浦の棚田 [佐賀] P.157
- 50 九重"夢"大吊橋 [大分] P.160
- 52 通潤橋 [熊本] P.161
- 53 古宇利大橋 [沖縄] P.161
- 55 長崎の夜景 [長崎] P.164
- 66 猿岩 [長崎] P.169
- 70 長崎くんち [長崎] P.171
- 71 沖永良部島の洞窟 [鹿児島] P.172

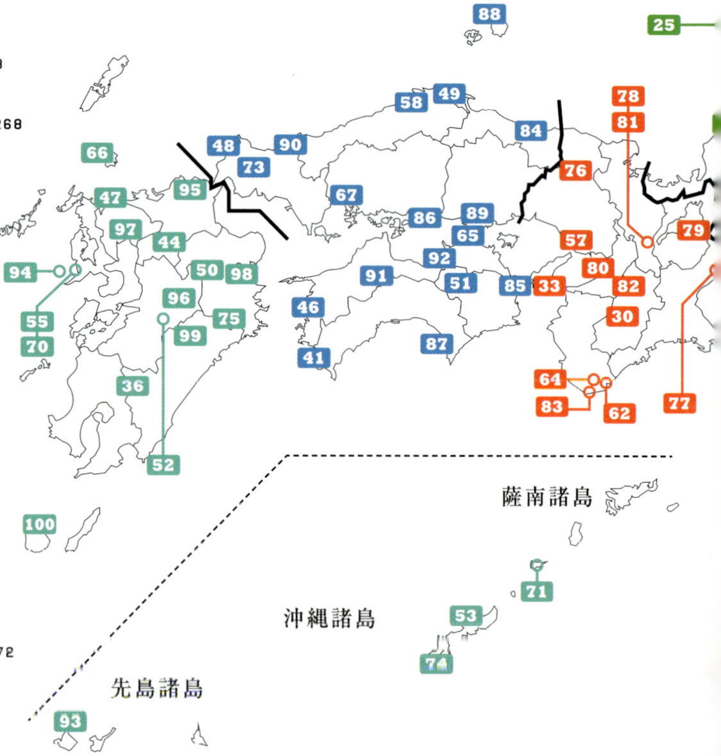

中部

- 19　白川郷　[岐阜]　P.92
- 20　上高地　[長野]　P.100
- 21　星峠の棚田　[新潟]　P.104
- 22　名古屋城　[愛知]　P.108
- 23　木曽路 妻籠宿　[長野]　P.112
- 24　黒部ダムとアルペンルート　[富山／長野]　P.118
- 25　姥ヶ滝と手取峡谷　[石川]　P.124
- 26　おわら風の盆　[富山]　P.128
- 27　東尋坊　[福井]　P.132
- 28　富士の茶畑と桜エビ　[静岡]　P.136
- 29　忍野八海と山中湖　[山梨]　P.140

特集

- 35　舟川のチューリップ　[富山]　P.150
- 37　ダイナランドのユリ　[岐阜]　P.151
- 42　ダイヤモンド富士　[静岡]　P.155
- 43　諏訪湖の御神渡り　[長野]　P.155
- 45　輪島の白米千枚田　[石川]　P.157
- 61　称名滝とハンノキ滝　[富山]　P.167
- 72　鳴沢氷穴　[山梨]　P.174

北海道・東北

- 01　富良野・美瑛　[北海道]　P.12
- 02　流氷　[北海道]　P.18
- 03　青森ねぶた祭　[青森]　P.22
- 04　御釜　[宮城]　P.26
- 05　龍泉洞　[岩手]　P.30
- 06　摩周湖　[北海道]　P.34
- 07　裏磐梯・五色沼　[福島]　P.40
- 08　蔵王の樹氷　[山形]　P.44
- 09　釧路湿原　[北海道]　P.48
- 10　横手のかまくら　[秋田]　P.54

特集

- 31　北竜のひまわり　[北海道]　P.147
- 39　雲海テラス　[北海道]　P.152
- 40　白金 青い池　[北海道]　P.154
- 54　函館山夜景　[北海道]　P.162
- 63　男鹿のゴジラ岩　[秋田]　P.168
- 68　さっぽろ雪まつり　[北海道]　P.171

関東

- 11　百段階段　[東京]　P.56
- 12　華厳ノ滝と中禅寺湖　[栃木]　P.60
- 13　国営ひたち海浜公園　[茨城]　P.66
- 14　小笠原諸島　[東京]　P.70
- 15　鎌倉の紫陽花　[神奈川]　P.76
- 16　鋸山　[千葉]　P.80
- 17　尾瀬ヶ原・尾瀬沼　[群馬／福島]　P.86
- 18　巾着田　[埼玉]　P.90

特集

- 32　昭和記念公園のコスモス　[東京]　P.147
- 34　小湊鐵道と菜の花　[千葉]　P.148
- 38　羊山公園　[埼玉]　P.151
- 56　東京夜景　[東京]　P.164
- 59　袋田の滝　[茨城]　P.166
- 60　吹割の滝　[群馬]　P.167

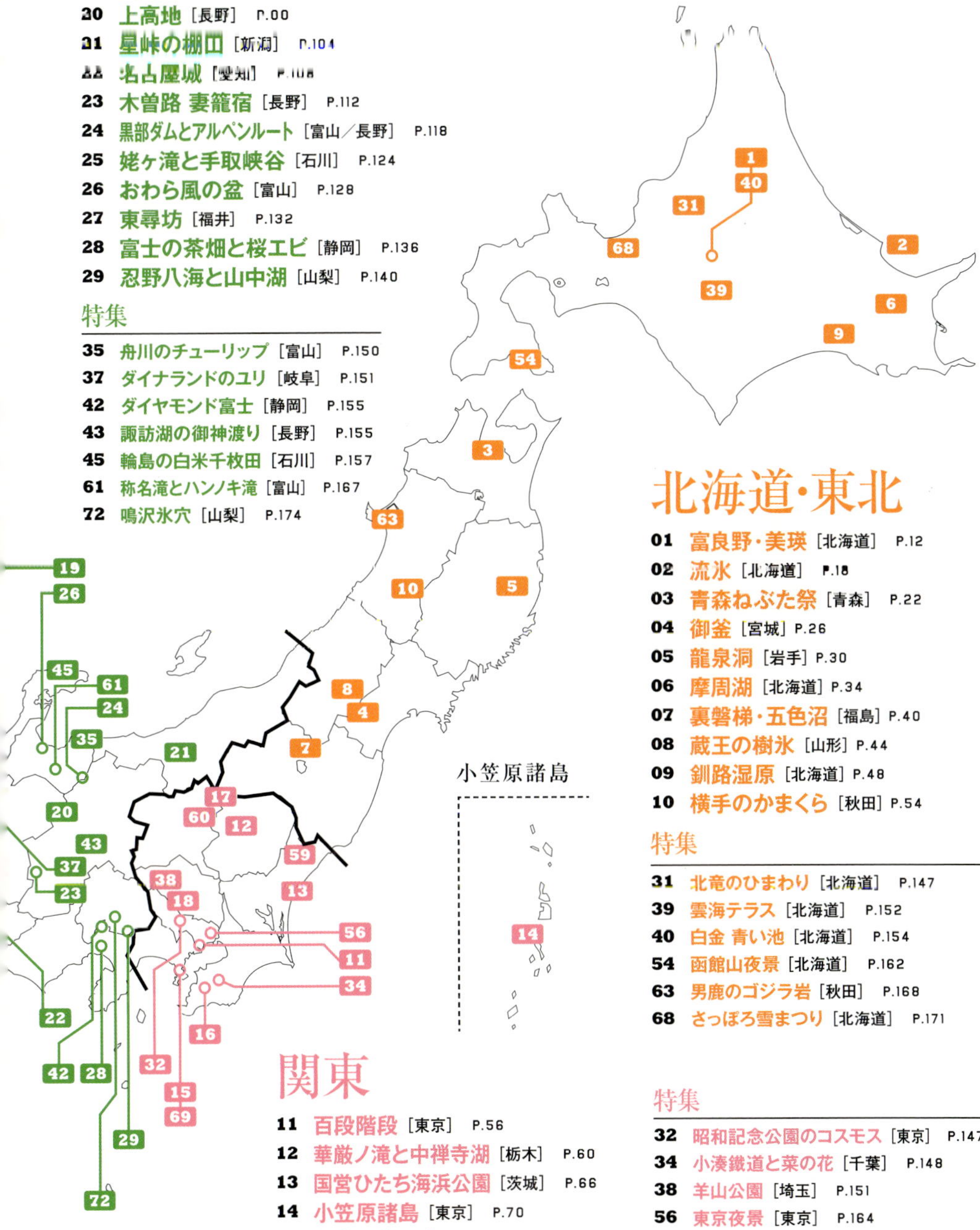

こんなにスゴイ!!

知っておきたい日本のアメージング

知ってた！？
世界三大○○にエントリーされている日本

世界新三大夜景

長崎(長崎県→P.164)　モナコ、香港

世界三大夕日

釧路(北海道)

バリ島(インドネシア)、マニラ(フィリピン)

世界三大潮流

鳴門の渦潮(徳島県→P.220)

メッシーナ海峡(イタリア)、セイモア海峡(カナダ)

世界三大陵墓

大仙陵古墳(大阪府)　クフ王のピラミッド(エジプト)、始皇帝陵(中国)

全国にあります！
日本の三大○○

日本三景

宮島(広島県→P.170)、天橋立(京都府)、松島(宮城県)

日本三大瀑布

那智の滝(和歌山県→P.167)、
華厳ノ滝(栃木県→P.60)、
袋田の滝(茨城県→P.166)

日本三霊山／三名山

富士山(静岡県／山梨県→P.136/155)、
白山(石川県／岐阜県)、
立山(富山県→P.118)

日本三大鍾乳洞

龍泉洞(岩手県→P.30)、
秋芳洞(山口県→P.174)、
龍河洞(高知県)

日本三大湖

琵琶湖(滋賀県)、
霞ヶ浦(千葉県／茨城県)、
サロマ湖(北海道)

日本三大峡谷

清津峡(新潟県)、
黒部峡谷(富山県→P118)、
大杉峡谷(三重県)

日本三名城

熊本城(熊本県)、
名古屋城(愛知県→P.108)、
姫路城(兵庫県)
もしくは大阪城(大阪府)

これぞ日本一！

- **高い山**　富士山　海抜3776m→P.136/155
- **広い湿地**　釧路湿原　総面積約18.290ha→P.48
- **堤高が高いダム**　黒部ダム　186m→P.118
- **長い水中洞窟**　稲積水中鍾乳洞　1000m以上→P.175
- **深い水中洞窟**　龍泉洞第4地底湖　水深120m→P.30
- **源泉数が多い温泉**　別府温泉　2847本→P.278
- **湧出量が多い温泉地**　別府温泉　137,040kl／日→P.278

日本三大秘境

白川郷(岐阜県→P.92)、
祖谷山村(徳島県)、椎葉村(宮崎県)

日本三大桜名所

吉野山(奈良県→P.146)、
弘前公園(青森県)、高遠城址公園(長野県)

日本三大ダム

黒部ダム(富山県→P.118)、
奥只見ダム(福島県)、御母衣ダム(岐阜県)

日本三大祭

祇園祭(京都府・八坂神社→P.190)、
天神祭(大阪府・大阪天満宮)、神田祭(東京都・神田明神)

日本三大夜景

摩耶山掬星台(兵庫県→P.164)、
函館山(北海道→P.162)、
稲佐山(長崎県→P.164)

日本三大くんち

長崎くんち(長崎県・鎮西大社諏訪神社→P.171)、
博多おくんち(福岡県・櫛田神社)、
唐津くんち(佐賀県・唐津神社)

旅に出る前にチェック!

旅のお役立ち情報

まずは情報収集

観光情報

観光統計や観光協会のリンク

観光庁	http://www.mlit.go.jp/kankocho/

全都道府県15万件の観光情報

全国旅そうだん(日本観光振興協会)	http://www.nihon-kankou.or.jp

乗り換え案内

飛行機や高速バスも検索できる

ジョルダン	http://www.jorudan.co.jp

最新の運行情報や駅情報も

駅探	http://ekitan.com

車や自転車ルートも設定できる

NAVITIME	http://www.navitime.co.jp

気象情報

週間天気予報や注意報もわかる

気象庁	http://www.jma.go.jp

交通情報や予約

鉄道

日本全国をつないでいる

JR北海道	http://www.jrhokkaido.co.jp
JR東日本	http://www.jreast.co.jp
JR東海	http://jr-central.co.jp
JR西日本	http://www.westjr.co.jp
JR四国	http://www.jr-shikoku.co.jp
JR九州	http://www.jrkyushu.co.jp

高速バス

都市間を結ぶ安くて便利なバス

高速バスネット	https://www.kousokubus.net
発車オ～ライネット	http://secure.j-bus.co.jp
高速バスドットコム	http://www.kosokubus.com

道路情報

道路交通情報を5分おきにアップ

日本道路交通情報センター(JARTIC)	http://www.jartic.or.jp

レンタカー

自由自在に移動できて便利

全国レンタカー会社検索	http://rentacar.homemate-navi.com

船

大海原の眺めもいい船旅

日本長距離フェリー協会	http://www.jlc-ferry.jp

航空会社

やっぱり早くて便利な飛行機

日本航空　JAL	http://www.jal.co.jp
全日本空輸　ANA	http://www.ana.co.jp
スカイマーク	http://www.skymark.co.jp
AIR DO	http://www.airdo.jp
ソラシドエア	http://www.skynetasia.co.jp
スターフライヤー	http://www.starflyer.jp
日本トランスオーシャン航空	http://www.jal.co.jp/jta/
フジドリームエアラインズ	http://www.fujidream.co.jp

知って納得、いろいろな制定

国による制定

【文化財】
文化財は「有形文化財」、「無形文化財」、「民俗文化財」、「記念物」、「文化的景観」、「伝統的建造物群」と定義され、文化財保護法に沿っていずれかに分類されている。国の選定によってさらに重要とされるものは「重要文化財」、世界的にも価値が高いとされるものは「国宝」に指定。文化財に認定されることによって国からの保護・援助を受けることができる。

【有形文化財】
建造物や工芸品、彫刻、書籍など形を有しており、歴史・芸術・学術の面において価値が高いとされるもの。さらに重要とされるものは「重要有形文化財」に指定されている。建物以外の絵画や彫刻、書籍といった文化的遺産は総称して「美術工芸品」と呼ぶ。また、文化財登録原簿に登録されたものを「登録有形文化財」と呼ぶ。

【無形文化財】
建造物や美術工芸品のように形を有しておらず、演劇・音楽といった芸術的価値の高い技術のこと。さらに重要とされるものは「重要無形文化財」に指定されている。国からの選定を受けることにより、これらの技術を保護、また継承・後継者育成のための活動に対して援助を得ることができる。

【文化的景観】
地域における生活や景観地など、日常生活に根付いた風景を評価し、保護することによって、地域ぐるみでその景色を守り、次世代への継承を目的としている。国が指定する文化財保護法によって選定。その中でも特に重要とされる項目については「重要文化的景観」に指定されている。

【民俗文化財】
暮らしの中で生み出され、継承されてきた衣食住や風俗慣習などで、保存や保存の措置、継承が必要と思われるものを国が指定している文化財。「有形民俗文化財」と「無形民俗文化財」がある。

【記念物】
歴史・学術・芸術・鑑賞の分野で価値が高いとされるものを文化財保護法や地方自治体による文化財保護条例によって選定。「史跡」「名勝」「天然記念物」などに分類される。動植物や鉱物など天然資源に関する記念物を「天然記念物」、人間の手による文化的なものに関する記念物が「文化記念物」。さらに世界的、国家的にも重要であると指定されたものは「特別天然記念物」に指定される。

【伝統的建造物群保存地区】
歴史的な町並みを有する市町村が、保存事業計画を国に申請する。国によって価値が高いと判断されたものは「重要伝統的建造物群保存地区」に選ばれる。

【国立公園】
「国立公園」は、すぐれた自然の景勝地を保護するために自然公園法に基づいて国(環境省)の指定を受け管理されている自然公園。国立公園に準じるものが「国定公園」で都道府県が管理する。

【国指定名勝】
国の制定する文化財保護法によって選定した名勝地および景勝が「国指定名勝」。なかでも、より景観上の価値の高いものを「特別名勝」と呼ぶ。地方自治体指定の名勝もある。

世界による制定

【世界遺産】
普遍的な価値を持つ建造物や遺跡、自然などが対象。ユネスコ総会による世界遺産条約に基づき認定される。国際的な組織運営によって文化的、歴史的な価値を保護するという働き。有形不動産の内容により「文化遺産」「自然遺産」「複合遺産」に分類される。

世界自然遺産、屋久島の「縄文杉」

【無形文化遺産】
ユネスコの事業の一部として、民俗行事や芸能、伝統工芸といった形を持たないものを保護の対象としている。2013年には日本人の伝統的な食文化「和食」が認定されたことで話題にもなった。

【ラムサール条約登録湿地】
特に水鳥の生息地として国際的に重要な湿地の保護を目的とする条約で、1971年にイランのラムサールで採択された。一般的にラムサール条約と呼ばれている。日本の条約湿地は2014年6月現在46ヵ所。

日本の世界遺産

世界遺産登録名	都道府県	分類	関連ページ
知床	北海道	自然遺産	2流氷　P18
白神山地	青森・秋田	自然遺産	
平泉ー仏国土(浄土)を表す建築・庭園及び考古学的遺跡群ー	岩手	文化遺産	
日光の社寺	栃木	文化遺産	12華厳ノ滝と中禅寺湖　P60
小笠原諸島	東京	自然遺産	14小笠原諸島　P70
白川郷・五箇山の合掌造り集落	岐阜・富山	文化遺産	19白川郷　P92
富士山ー信仰の対象と芸術の源泉	静岡・山梨	文化遺産	28富士の茶畑と桜エビ　P136 29忍野八海と山中湖　P140、42ダイヤモンド富士　P155
紀伊山地の霊場と参詣道	和歌山・奈良・三重	文化遺産	30吉野山の桜　P146、62那智の滝　P167
古都京都の文化財(京都市、宇治市、大津市)	京都・滋賀	文化遺産	78祇園の町並み　P190
姫路城	兵庫	文化遺産	
法隆寺地域の仏教建造物	奈良	文化遺産	
古都奈良の文化財	奈良	文化遺産	82東大寺　P208
石見銀山遺跡とその文化的景観	島根	文化遺産	
原爆ドーム	広島	文化遺産	
厳島神社	広島	文化遺産	67宮島水中花火大会　P170
屋久島	鹿児島	自然遺産	100屋久島　P288
琉球王国のグスク及び関連遺産群	沖縄	文化遺産	

※2014年5月現在、富岡製糸場が世界文化遺産に登録勧告中
※掲載写真すべてが世界遺産に登録されているわけではありません。また、登録名と物件名は一致しないものがあります。

INDEX

50音順

あ行

		P
3	青森ねぶた祭	22
73	秋芳洞	174
96	阿蘇山と仙酔峡	268
36	生駒高原のカリフォルニアポピー	150
91	石鎚山と面河渓	246
75	稲積水中鍾乳洞	175
51	祖谷のかずら橋	160
25	姥ヶ滝と手取峡谷	124
7	裏磐梯・五色沼	40
39	雲海テラス	152
49	江島大橋	159
14	小笠原諸島	70
63	男鹿のゴジラ岩	168
4	御釜	26
71	沖永良部島の洞窟	172
88	隠岐島のローソク島	232
29	忍野八海と山中湖	140
17	尾瀬ヶ原・尾瀬沼	86
26	おわら風の盆	120

か行

15	鎌倉の紫陽花	76
20	上高地	98
95	河内藤園	264
78	祇園の町並み	190
23	木曽路 妻籠宿	112
74	玉泉洞	175
18	巾着田	90
9	釧路湿原	48
89	倉敷美観地区	236
24	黒部ダムとアルペンルート	118
94	軍艦島(端島)	258
12	華厳ノ滝と中禅寺湖	60
53	古宇利大橋	161
13	国営ひたち海浜公園	66
50	九重"夢"大吊橋	160
34	小湊鐵道と菜の花	148

さ行

8	蔵王の樹氷	44
97	佐賀バルーンフェスタ	274
68	さっぽろ雪まつり	171
66	猿岩	169
61	称名滝とハンノキ滝	167
32	昭和記念公園のコスモス	147
19	白川郷	92
40	白金 青い池	154
58	宍道湖の夕日	165
80	新世界と道頓堀	200
90	須佐ホルンフェルス	242
43	諏訪湖の御神渡り	155
92	銭形砂絵	250
65	象岩	169

た行

37	ダイナランドのユリ	151
42	ダイヤモンド富士	155
99	高千穂峡	284
76	竹田城	178
41	だるま夕日	154
52	通潤橋	161
48	角島大橋	158
56	東京夜景	164
27	東尋坊	132
82	東大寺	208
84	鳥取砂丘	214
86	鞆の浦・仙酔島	224

な行

70	長崎くんち	171
55	長崎の夜景	164
22	名古屋城	108
33	灘黒岩水仙郷	147
62	那智の滝	167
72	鳴沢氷穴	174
85	鳴門の渦潮	220
16	鋸山	80

は行

54	函館山夜景	162
83	橋杭岩	212
47	浜野浦の棚田	157
93	ハスの島	257
79	彦根城	196
38	羊山公園	151
11	百段階段	56
60	吹割の滝	167
59	袋田の滝	166
28	富士の茶畑と桜エビ	136
81	伏見稲荷大社の千本鳥居	204
35	舟川のチューリップ	150
1	富良野・美瑛	12
98	別府八湯の鉄輪温泉	278
31	北竜のひまわり	147
21	星峠の棚田	104
44	星野村の棚田	156

ま・や・ら・わ行

6	摩周湖	34
57	摩耶山からの夜景	164
67	宮島水中花火大会	170
64	虫喰岩	169
87	「モネの庭」マルモッタン	228
100	屋久島	288
69	流鏑馬	171
46	遊子水荷浦の段畑	157
10	横手のかまくら	54
30	吉野山の桜	146
77	四日市の工場夜景	184
5	龍泉洞	30

都道府県別

北海道
1	富良野・美瑛	12
2	流氷	18
6	摩周湖	34
9	釧路湿原	48
31	北竜のひまわり	147
39	雲海テラス	152
40	白金 青い池	154
54	函館山夜景	162
68	さっぽろ雪まつり	171

青森
3	ねぶた祭	22

岩手
5	龍泉洞	30

宮城
4	御釜	26

秋田
10	横手のかまくら	54
63	男鹿のゴジラ岩	168

山形
8	蔵王の樹氷	44

福島
7	裏磐梯・五色沼	40
17	尾瀬ヶ原・尾瀬沼	86

茨城
13	国営ひたち海浜公園	66
59	袋田の滝	166

栃木
12	華厳ノ滝と中禅寺湖	60

群馬
17	尾瀬ヶ原・尾瀬沼	86
60	吹割の滝	167

埼玉
18	巾着田	90
38	羊山公園	151

千葉
16	鋸山	80
34	小湊鐵道と菜の花	148

東京
11	百段階段	56
14	小笠原諸島	70
32	昭和記念公園のコスモス	147
56	東京夜景	164

神奈川
15	鎌倉の紫陽花	76
69	流鏑馬	171

新潟
21	星峠の棚田	104

富山
24	黒部ダムとアルペンルート	118
26	おわら風の盆	128
35	舟川のチューリップ	150
61	称名滝とハンノキ滝	167

石川
25	姥ヶ滝と手取峡谷	124
45	輪島の白米千枚田	157

福井
27	東尋坊	133

山梨
29	忍野八海と山中湖	140
72	鳴沢氷穴	174

長野
20	上高地	98
24	黒部ダムとアルペンルート	118
23	木曽路 妻籠宿	112
43	諏訪湖の御神渡り	155

岐阜
19	白川郷	92
37	ダイナランドのユリ	151

静岡
28	富士の茶畑と桜エビ	136
42	ダイヤモンド富士	155

愛知
22	名古屋城	108

三重
77	四日市の工場夜景	184

滋賀
79	彦根城	196

京都
78	祇園の町並み	190
81	伏見稲荷大社の千本鳥居	204

大阪
80	新世界と道頓堀	200

兵庫
33	灘黒岩水仙郷	147
57	摩耶山からの夜景	164
76	竹田城	178

奈良
30	吉野山の桜	146
82	東大寺	208

和歌山
62	那智の滝	167
64	虫喰岩	169
83	橋杭岩	212

鳥取
49	江島大橋	159
84	鳥取砂丘	214

島根
49	江島大橋	159
58	宍道湖の夕日	165
88	隠岐島のローソク島	232

岡山
65	象岩	169
89	倉敷美観地区	236

広島
67	宮島水中花火大会	170
86	鞆の浦・仙酔島	224

山口
48	角島大橋	158
73	秋芳洞	174
90	須佐ホルンフェルス	242

徳島
51	祖谷のかずら橋	160
85	鳴門の渦潮	220

香川
92	銭形砂絵	250

愛媛
46	遊子水荷浦の段畑	157
91	石鎚山と面河渓	246

高知
41	だるま夕日	154
87	「モネの庭」マルモッタン	228

福岡
44	星野村の棚田	156
95	河内藤園	264

佐賀
47	浜野浦の棚田	157
97	佐賀バルーンフェスタ	274

長崎
55	長崎の夜景	164
66	猿岩	169
70	長崎くんち	171
94	軍艦島(端島)	258

熊本
52	通潤橋	161
96	阿蘇山と仙酔峡	268

大分
50	九重"夢"大吊橋	160
75	稲積水中鍾乳洞	175
98	別府八湯の鉄輪温泉	278

宮崎
36	生駒高原のカリフォルニアポピー	150
99	高千穂峡	284

鹿児島
71	沖永良部島の洞窟	172
100	屋久島	288

沖縄
53	古宇利大橋	161

テーマ別

花が造り出すカラフルな絶景

1	富良野・美瑛	12
13	国営ひたち海浜公園	66
15	鎌倉の紫陽花	76
18	巾着田	90
30	吉野山の桜	146
31	北竜のひまわり	147
32	昭和記念公園のコスモス	147
33	灘黒岩水仙郷	147
34	小湊鐵道と菜の花	148
35	舟川のチューリップ	150
36	生駒高原のカリフォルニアポピー	150
37	ダイナランドのユリ	151
38	羊山公園	151
87	「モネの庭」マルモッタン	228
95	河内藤園	264

水が織りなす自然景観

4	御釜	26
6	摩周湖	34
7	裏磐梯・五色沼	40
9	釧路湿原	48
12	華厳ノ滝と中禅寺湖	60
17	尾瀬ヶ原・尾瀬沼	86
25	姥ヶ滝と手取峡谷	124
29	忍野八海と山中湖	140
40	白金 青い池	154
59	袋田の滝	166
60	吹割の滝	167
61	称名滝とハンノキ滝	167
62	那智の滝	167
99	高千穂峡	284

散策したい古都&町風景

19	白川郷	92
23	木曽路 妻籠宿	112
78	祇園の町並み	190
80	新世界と道頓堀	200
86	鞆の浦・仙酔島	224
89	倉敷美観地区	236
98	別府八湯の鉄輪温泉	278

社寺・城・文化財の厳かな絶景

11	百段階段	56
22	名古屋城	108
76	竹田城	178
79	彦根城	196
81	伏見稲荷大社の千本鳥居	204
82	東大寺	208
94	軍艦島(端島)	258

観光スポットでもある橋

48	角島大橋	158
49	江島大橋	159
50	九重"夢"大吊橋	160
51	祖谷のかずら橋	160
52	通潤橋	161
53	古宇利大橋	161

懐かしい日本の風景 棚田・段畑

21	星峠の棚田	104
44	星野村の棚田	156
45	輪島の白米千枚田	157
46	遊子水荷浦の段畑	157
47	浜野浦の棚田	157

夜空に輝く夜景の絶景

54	函館山夜景	162
55	長崎の夜景	164
56	東京夜景	164
57	摩耶山からの夜景	164
77	四日市の工場夜景	184

日本人の心のふるさと富士山

28	富士の茶畑と桜エビ	136
42	ダイヤモンド富士	155

一度は見たいまつり&イベント

3	青森ねぶた祭	22
10	横手のかまくら	54
26	おわら風の盆	128
67	宮島水中花火大会	170
68	さっぽろ雪まつり	171
69	流鏑馬	171
70	長崎くんち	171
97	佐賀バルーンフェスタ	274

特別な何かがある島

14	小笠原諸島	70
93	バラス島	252
100	屋久島	288

ドラマチックな自然現象

2	流氷	18
8	蔵王の樹氷	44
39	雲海テラス	152
41	だるま夕日	154
43	諏訪湖の御神渡り	155
58	宍道湖の夕日	165
84	鳥取砂丘	214
85	鳴門の渦潮	220

日本とは思えない山岳風景

16	鋸山	80
20	上高地	98
24	黒部ダムとアルペンルート	118
91	石鎚山と面河渓	246
96	阿蘇山と仙酔峡	268

アメージングな地下空間

5	龍泉洞	30
71	沖永良部島の洞窟	172
72	鳴沢氷穴	174
73	秋芳洞	174
74	玉泉洞	175
75	稲積水中鍾乳洞	175

奇岩が造り出すアート

27	東尋坊	132
63	男鹿のゴジラ岩	168
64	虫喰岩	169
65	象岩	169
66	猿岩	169
83	橋杭岩	212
88	隠岐のローソク島	232
90	須佐ホルンフェルス	242

ユニークなパワースポット

予算別

1千円〜 思い立ったらすぐに行ける！ AMAZING SPOT

No.	名称	予算	ページ
56	東京夜景	1千〜	164
18	巾着田	3千〜	90
32	昭和記念公園のコスモス	3千〜	147
15	鎌倉の紫陽花	5千〜	76
38	羊山公園	5千〜	151
69	流鏑馬	5千〜	171
34	小湊鐵道と菜の花	6千〜	148
11	百段階段	7千〜	56

1万円〜 気持ちのいい日に出かけたい！ AMAZING SPOT

No.	名称	予算	ページ
13	国営ひたち海浜公園	1万〜	66
16	鋸山	1万〜	80
28	富士の茶畑と桜エビ	1万5千〜	136
29	忍野八海と山中湖	1万5千〜	140
12	華厳ノ滝と中禅寺湖	2万〜	60
21	星峠の棚田	2万〜	104
22	名古屋城	2万〜	108
59	袋田の滝	2万〜	166
72	鳴沢氷穴	2万〜	174

3万円〜 次の休暇に行きたい！ AMAZING SPOT

No.	名称	予算	ページ
17	尾瀬ヶ原・尾瀬沼	3万〜	86
42	ダイヤモンド富士	3万〜	155
43	諏訪湖の御神渡り	3万〜	155
60	吹割の滝	3万〜	167
23	木曽路 妻籠宿	4万〜	112
25	姥ヶ滝と手取峡谷	4万〜	124
26	おわら風の盆	4万〜	128
35	舟川のチューリップ	4万〜	150
77	四日市の工場夜景	4万〜	184
78	祇園の町並み	4万〜	190
79	彦根城	4万〜	196
80	新世界と道頓堀	4万〜	200
81	伏見稲荷大社の千本鳥居	4万〜	204
82	東大寺	4万〜	208

5万円〜 余裕を持って行きたい！ AMAZING SPOT

No.	名称	予算	ページ
3	青森ねぶた祭	5万〜	22
4	御釜	5万〜	26
5	龍泉洞	5万〜	30
7	裏磐梯・五色沼	5万〜	40
8	蔵王の樹氷	5万〜	44
10	横手のかまくら	5万〜	54
19	白川郷	5万〜	92
20	上高地	5万〜	98
30	吉野山の桜	5万〜	146
37	ダイナランドのユリ	5万〜	151
57	摩耶山からの夜景	5万〜	164
62	那智の滝	5万〜	167
76	竹田城	5万〜	178
83	橋杭岩	5万〜	212
85	鳴門の渦潮	5万〜	220
86	鞆の浦・仙酔島	5万〜	224
89	倉敷美観地区	5万〜	236
92	銭形砂絵	5万〜	250
27	東尋坊	6万〜	132
33	灘黒岩水仙郷	6万〜	147
45	輪島の白米千枚田	6万〜	157
48	角島大橋	6万〜	158
63	男鹿のゴジラ岩	6万〜	168
65	象岩	6万〜	169
67	宮島水中花火大会	6万〜	170
73	秋芳洞	6万〜	174
90	須佐ホルンフェルス	6万〜	242
61	称名滝とハンノキ滝	7万〜	167
24	黒部ダムとアルペンルート	8万〜	118
31	北竜のひまわり	8万〜	147
49	江島大橋	8万〜	159
54	函館山夜景	8万〜	162
58	宍道湖の夕日	8万〜	165
64	虫喰岩	8万〜	169
68	さっぽろ雪まつり	8万〜	171
97	佐賀バルーンフェスタ	8万〜	274
84	鳥取砂丘	9万〜	214
87	「モネの庭」マルモッタン	9万〜	228

10万円〜 長期休みに行きたい！ AMAZING SPOT

No.	名称	予算	ページ
1	富良野・美瑛	10万〜	12
2	流氷	10万〜	18
6	摩周湖	10万〜	34
9	釧路湿原	10万〜	48
36	生駒高原のカリフォルニアポピー	10万〜	150
39	雲海テラス	10万〜	152
40	白金 青い池	10万〜	154
41	だるま夕日	10万〜	154
44	星野村の棚田	10万〜	156
46	遊子水荷浦の段畑	10万〜	157
47	浜野浦の棚田	10万〜	157
50	九重「夢」大吊橋	10万〜	160
51	祖谷のかずら橋	10万〜	160
52	通潤橋	10万〜	161
55	長崎の夜景	10万〜	164
66	猿岩	10万〜	169
70	長崎くんち	10万〜	171
75	稲積水中鍾乳洞	10万〜	175
88	隠岐島のローソク島	10万〜	232
91	石鎚山と面河渓	10万〜	246
94	軍艦島(端島)	10万〜	258
95	河内藤園	10万〜	264
98	別府八湯の鉄輪温泉	10万〜	278
99	高千穂峡	10万〜	284
14	小笠原諸島	12万〜	70
53	古宇利大橋	12万〜	161
74	玉泉洞	12万〜	175
96	阿蘇山と仙酔峡	12万〜	268

15万円〜 一度は行ってみたい！ AMAZING SPOT

No.	名称	予算	ページ
93	バラス島	15万〜	252

Photo Credits

カバー表：高ボッチ高原（長野県）からの朝焼けの富士山　88CHAN/photolibrary
カバー裏：四日市市観光協会、伏見稲荷大社、岐阜県白川村役場、Taizo Takei、沖永良部島ケイビング協会

P2-3:歌うカメラマン/photolibrary　P4-5:マリンサービス パッソ　P6:銀河/PIXTA　P7:銀塩一途/photolibrary　P12-13、P15-1、P16、P17:Taizo Takei　P14、P15-2～4、P17:守谷光代　P18-19、P20-1～4:Taizo Takei　P21:網走ビール　P22-23、P24-2・3・5、P25:青森観光コンベンション協会　P24-1:smoke-Fotolia.com　P24-4:Perati Komson/sutterstock.com　P26-27:となりのケロロ/photolibrary　P 28-1:Ilya D.Grldnev/sutterstock.com　P28-2、P29:蔵王町観光協会　P30-31:一人旅人/PIXTA　P32-1～3、P33:岩泉町龍泉洞事務所　P34-35:ほっかいどう-Fotolia.com　P36:KOTETSU/PIXTA　P37-1・2、P38、P39:Taizo Takei　P37-3:Mochio/PIXTA　P40-41:松倉広治　P42-1:maso11-Fotolia.com　P42-2・3、P43裏磐梯観光協会　P42-4:インパクト/photolibrary　P44-45:dai/PIXTA　P46-1:Krishina.Wu/sutterstock.com　P46-2:蔵王ロープウェイ　P46-3:蔵王温泉観光協会　P46-4:hiro/PIXTA　P47:山形市観光協会　P48-49:JR北海道釧路支社　P50-51、P52-53:Taizo Takei　P54:秋AKI/PIXTA　P56-57、P58-59:目黒雅叙園　P60-61:よっちゃん必撮仕事人/PIXTA　P62:uncommon/photolibrary　P63-1:Sean Pavone/123rf.com　P63-2:kazub/PIXTA　P63-3:cyuurin/photolibrary　P63-4、P64:日光観光協会　P65:日光観光協会、日光二荒山神社、日光山輪王寺　P66-67、P68-1・3・4、P69:国営ひたち海浜公園　P68-2:Issey/PIXTA　P70-71:スフィア/PIXTA　P72～75:小笠原観光局　P76-77:まちゃー/PIXTA　P78-1・3:鎌倉市観光協会　P78-2:Jongjet Klieanthong/123rf.com　P78-4:Blue/photolibrary　P79:豊島屋　P80-81、P82～84:Taizo Takei　P85:Taizo Takei、漁協直営ばんや　P86-87:ujou/photolibrary　P88-1:momas/photolibrary　P88-2:momas/photolibrary　P88-3:ヤマカワ/photolibrary　P88-4:shima-risu-Fotolia.com　P90:松倉広治　P92-93、P94～96:岐阜県白川村役場　P97:岐阜県白川村役場、飛騨高山ライブラリー、奥飛騨温泉郷、新穂高ロープウェイ　P98-99、P100-101、P103:アルプス観光協会　P102:五千尺ホテル　P104-105、P106-1・2、P107:十日町市観光協会まつだい支部　P106-3:ノビタ/photolibrary　P106-4:ヒロ横浜/photolibrary　P108-109:paylessimages-Fotolia.com　P110-1:Naomi Hasegawa-Fotolia.com　P110-2、P111:名古屋観光コンベンションビューロー　P110-3:名古屋城　P110-4:Weston Palmer-Fotolia.com　P112-113、P114-1・2・4・5:妻籠観光協会　P114-3、P117:Taizo Takei　P114-6:Scirococo340/sutterstock.com　P116:妻籠観光協会、Taizo Takei　P118-119、P122:関電アメニックスくろよん観光事業部　P120-1:立山黒部貫光　P120-2:mark./PIXTA　P120-3:北彩/photolibrary　P120-4:V.Belov/sutterstock.com　P120-5:toshi/photolibrary　P120-6:立山黒部アルペンルート　P123:関電アメニックスくろよん観光事業部、立山黒部貫光、2リットル/photolibrary、Sakura Mina/photolibrary、黒部峡谷鉄道　P124-125:白山市観光連盟　P126:白山手取川ジオパーク推進協議会　P127:石川県観光連盟　P128-129、P130:松倉広治　P131:おわら玉天本舗　P132-133:風に吹かれて/PIXTA　P134-1:ぽんぽこ/PIXTA　P134-2:garfield2014-Fotolia.com　P135:辛み隊事務局　P136-137:富士市経済部観光課　P138-1・3:ハローナビしずおか　P138-2:sakura-Fotolia.com　P138-4:Mt2236/photolibrary　P139:静岡観光コンベンション協会　P140-141:shony/PIXTA　P142:fumifumi/photolibrary　P143-1:パレット/PIXTA　P143-2:ムーンライズ/photolibrary　P143-3:totoro/PIXTA　P144:MORIP/photolibrary　P146:KAZE/photolibrary　P147:sekky/photolibrary、yoccii/photolibrary、legao/PIXTA　P148-149:free_style730/photolibrary　P150:inazakira-flicker.com、sansui/photolibrary　P151:琵琶湖のそよ風/photolibrary、秩父市観光課　P152-153:星野リゾートトマム　P154:Taizo Takei、宿毛市商工観光課　P155:ばさら堂/photolibrary、諏訪観光協会　P156:ラムのおでかけ/photolibrary　P157:輪島市交流政策部観光課、一人旅人/PIXTA、Nao/photolibrary　P158:kentaro/photolibrary　P159:境港管理組合　P160:NOBU/PIXTA、くろうさぎ/photolibrary　P161:くまもと写真館、nirai恩納/photolibrary　P162-163:Taizo Takei　P164:Sean Pavone/sutterstock.com、tokyo426/PIXTA、abc7/sutterstock.com　P165:松江観光協会　P166:SEAN/photolibrary　P167:里人/photolibrary、立山黒部アルペンルート、和歌山県フォトライブラリー　P168:keikeiakaka/photolibrary　P169:古座川町産業振興課、岡山県観光連盟、長崎県観光連盟　P170:Seiha/photolibrary　P171:Naoko Imafuku、鎌倉市観光協会、長崎県観光連盟　P172-173:沖永良部島ケイビング協会　P174:歩人/photolibrary、五歩/PIXTA　P175:沖縄観光コンベンションビューロー、ツーリズムおおいた　P178-179、P180-181:吉田利栄　P183:朝来市生野庁舎、あさご芸術の森美術館、朝来市竹田城課、朝来市教育委員会、豊岡市大交流課　P184-185、P186-2・4、P188-189:四日市市観光協会　P186-1:ZENSHI/PIXTA　P186-3:竹振り小僧 /PIXTA　P186-5:士魂/PIXTA　P190-191:Skylight/PIXTA　P192:歩人/photolibrary　P193-1:miruon223/photolibrary　P193-2:銀塩一途/photolibrary　P193-3:しまじろう/PIXTA　P194:ジャンゴ/photolibrary、茶寮都路里　P195:dantehd-Fotolia.com、星の夢/photolibrary、京都メディア支援センター、mtk666/photolibrary　P196-197:masa/PIXTA　P198-1:彦根観光協会　P198-2:北彩/photolibrary　P199:彦根観光協会、いと重菓舗　P200-201:Paylessimages-Fotolia.com　P202-1:Paylessimages-Fotolia.com　P202-2:ふくいのりすけ/photolibrary　P203:Kei Shooting/sutterstock.com　P204-205:Paskee/sutterstock.com　P206-1:vichie81/sutterstock.com　P206-2:y.ganden/flicker.com　P206-3:伏見稲荷大社　P206-4:Tawin Mukdharakosa/sutterstock.com　P207:総本屋いなりや　P208-209:Mith Huang/flicker.com　P210:k_river/PIXTA　P211:中谷本舗　P212:和歌山県フォトライブラリー　P214-215、P217-2:かずくん/PIXTA　P216:ドジョウ/PIXTA　P217-1:鳥取県観光連盟　P217-3:鳥取県未来づくり推進局企画課　P217-4:ぶるーばーど/photolibrary　P218:鳥取県撮れたて写真館、砂の美術館　P219:鳥取県撮れたて写真館、島根県境港管理組、島根県観光連盟、県立古代出雲歴史博物館　P220-221、P222-223: 鳴門うずしお観光協会　P224-225:s_fukumura-Fotolia.com　P226-1:Paylessimages1/PIXTA　P226-2:ミッフィー/PIXTA　P226-3:kojinaka/123rf.com　P226-4:minack/PIXTA　P227:福山観光コンベンション　P228-229、P230-1・3・4、P231:北川村「モネの庭」マルモッタン　P230-2:playwalker-Fotolia.com　P232-233、P234-1・3・5:隠岐の島町観光協会　P234-2・4、P235:隠岐の島町観光課　P236-237:syn3/PIXTA　P238-1:TAK/PIXTA　P238-2:t2ya/photolibrary　P238-4:kazu/photolibrary　P238-3・5、P240:倉敷市観光課　P241:KUMA./photolibrary、takamichi/photolibrary、倉敷市観光課、shalion/photolibrary　P242-243:ハムワ/PIXTA　P244-245:須佐観光協会　P246-247:YJINK/photolibrary　P248-1、P249:さまゆう/photolibrary　P248-2:パレット/photolibrary　P248-3:ラムのおでかけ/photolibrary　P250:観音寺市商工観光課　P252-253:くまのみ/PIXTA　P254～256:マリンサービス パッソ　P257:竹富町観光協会、沖縄観光コンベンションビューロー、マリンサービス パッソ、内藤信男　P258-259:長崎県観光連盟　P260-1:jampan/PIXTA　P260-2:摩耶仙人/PIXTA　P260-3～5:Taizo Takei　P263:Taizo Takei、長崎県観光連盟　P264-265:supernova5021-Fotolia.com　P266-1:kentaro/photolibrary　P266-2:タナカダイキ/photolibrary　P267:スピナ、小倉城　P268-269、P270-1・2・4:くまもと写真館　P270-3:white tag/123rf.com　P273:くまもと写真館、休暇村南阿蘇、阿蘇山ロープウェイ、南阿蘇村企画観光課　P274-275:きつねのひまご/PIXTA　P276:佐賀バルーンフェスタ組織委員会　P277:佐賀市観光協会　P278-279:パレット/PIXTA　P280-1・4:ツーリズムおおいた　P280-2・3・5、P282:Taizo Takei　P283:ツーリズムおおいた、Takei Taizo　P284-285:Locke/PIXTA　P286-1:ちょう/PIXTA　P286-2・3、P287:高千穂観光協会　P288-289:bearmansan/photolibrary　P290:ケン/PIXTA　P291-1:hero/photolibrary　P291-2:s.yama/photolibrary　P291-3:USHIKO/photolibrary　P291-4:なな/photolibrary　P292:三岳酒造　P293:屋久島町企画調整課、M310/photolibrary、Ploy/photolibrary　P296:TOMO-Fotolia.com、Taizo Takei、鳴門うずしお観光協会、sakura-Fotolia.com　P297:岐阜県白川村役場、吉野山観光協会、関電アメニックスくろよん観光事業部、Paylessimages - Fotolia.com　P298:屋久島町企画調整課

staff

編集制作	(有)グルーポ・ピコ
	今福直子
	武居台三
	竹島絵美子
	小野結理
デザイン	bitter design
	矢部あずさ
企画	朝日新聞出版
	白方美樹
DTP	(株)明昌堂
校正	本郷明子

AMAZING SPOT
日本の絶景&秘境 100

2014年7月30日第1刷発行
2015年9月10日第7刷発行

編　集	朝日新聞出版
発行者	須田剛
発行所	朝日新聞出版
	〒104-8011　東京都中央区築地 5-3-2
	電話 (03)5541-8996（編集）
	(03)5540-7793（販売）
印刷所	大日本印刷株式会社

©2014 Asahi Shimbun Publications Inc.
Published in Japan by Asahi Shimbun Publications Inc.
ISBN 978-4-02-333901-9

定価はカバーに表示してあります。
落丁・乱丁の場合は弊社業務部（電話 03・5540・7800）へご連絡ください。
送料弊社負担にてお取り替えいたします。

本書および本書の付属物を無断で複写、複製（コピー）、引用することは
著作権法上での例外を除き禁じられています。また代行業者等の第三者に依頼して
スキャンやデジタル化することは、たとえ個人や家庭内の利用であっても一切認められておりません。